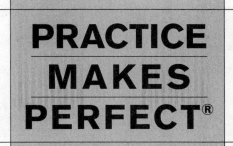

PRACTICE
MAKES
PERFECT®

T0268492

Basic Portuguese

Premium Second Edition

Sue Tyson-Ward

Mc
Graw
Hill

New York   Chicago   San Francisco   Athens   London   Madrid
Mexico City   Milan   New Delhi   Singapore   Sydney   Toronto

7 8 9 LON 24 23

ISBN   978-1-260-45522-9
MHID   1-260-45522-X

e-ISBN   978-1-260-45523-6
e-MHID   1-260-45523-8

McGraw-Hill Language Lab App

Extensive audio recordings and flash cards are available to support your study of this book. Go to mhlanguagelab.com to access the online version of this application. A free mobile version of the app can be found in the Apple app store and Google Play store (for Android devices).

Note: Internet access required for streaming audio.

Also by Sue Tyson-Ward

Practice Makes Perfect Beginning Portuguese with Two Audio CDs

Portuguese Verbs and Essentials of Grammar

In memory of my parents, Peter and Sylvia Ward, who both sadly passed on since the first edition. They supported and championed my cause from day one, and I shall always be indebted to them for their unstinting love and massive pride. I dedicate this book to them with the biggest hug ever.

Contents

Preface ix
Acknowledgments xi

1 **Subject pronouns • Family** 1

2 **Ser** (*to be*) **• Professions** 5

3 **Estar** (*to be*) **• Moods / emotions** 10

4 **Regular -ar verbs: present tense • Hobbies and leisure** 15

5 **Regular -er verbs: present tense • Meals and menus** 19

6 **Irregular verbs, part 1: present tense • The weather** 23

7 **Irregular verbs, part 2: present tense • Politics** 27

8 **Regular -ir verbs: present tense • Personality** 31

9 **Irregular -ir verbs: present tense • Accidents / incidents** 35

10 **-ir verbs with spelling changes • Transport** 40

11 **Ter** (*to have*) **and its uses • Animals** 44

12 **Haver** (*to have, to be*) **and its uses • The classroom** 49

13 **Reflexive verbs • Daily routine** 53

14 Ir (to go) + infinitive to express the future • Days and months 57

15 Saber vs. conhecer • The city center 62

16 Definite article: the • The restaurant 67

17 Indefinite articles: a / an / some • The hotel 72

18 Nouns • Around the house 76

19 Describing things • Common adjectives 81

20 Colors • Clothing 86

21 Demonstratives: this and that • Literature and cinema 91

22 Nonchanging demonstratives • Materials 96

23 Possessives, part 1: my / your / our • Technology 100

24 Possessives, part 2: his / her / their • Education 105

25 Relative pronouns: that / which / who / whom / where • At the beach 109

26 Making comparisons: more (than) / less (than) • Describing people 114

27 Superlatives • Sports 118

28 Comparisons: tão and tanto • The countryside 122

29 Numbers • Measurements 126

30 Telling the time 132

31 Prepositions, part 1: movement • Shops 137

32 Prepositions, part 2: place • Furniture 142

33 Prepositions, part 3: time • Expressions of time 146

34 Prepositions + verbs / verbs + prepositions • Eating and drinking 150

35 **Com** + pronouns • Current events   155

36 Prepositions + pronouns • The airport   159

37 **Por** • Idioms with **por**   163

38 **Para** • Idioms with **para**   167

39 Adverbs • Geography and the world   171

40 Negatives • School subjects   175

41 Interrogatives, part 1: *how / who / when / where / what* • Vacations   179

42 Interrogatives, part 2: *how much / how many / which (what)* • Crime   183

43 Direct-object pronouns • Polite expressions   187

44 Indirect-object pronouns • The body   192

45 Position of pronouns: When do they move? • Illness   196

46 **Algum** and **nenhum** • The media   200

47 **Todo** and **outro** • The kitchen   204

48 **Muito, pouco,** and **tanto** • Entertainment   208

49 **Alguém, ninguém, tudo,** and **nada** • Languages and nationalities   212

50 Quantities and packages • The supermarket   217

English–Portuguese glossary   221
Answer key   232

Preface

Practice Makes Perfect: Basic Portuguese is designed as a useful workbook, reference, and revision guide to the essentials of basic Portuguese. It covers a wide range of grammatical topics—all at a beginner's level—and includes a solid introduction to verbs in the present tense. Grammar topics are introduced mainly in table form, with a list of general usage points, plus extensive coverage by illustrative examples. This is one of the many strengths of this book: Learners get the chance to see each and every grammar point contextualized in a sentence before they try out the exercises themselves. Additionally, learners are exposed to more than 1,000 vocabulary items and expressions, introduced thematically throughout the book, and reinforced in exercises from one chapter to the next.

This book is ideal for all beginners, from high school through college, and independent students. It works well as a companion text to other course books and is useful for teachers who wish to guide their students to extra review and activities based around the grammar they are covering in class. It can be followed sequentially or simply dipped into at will.

Although the main focus on the language is that used in continental Portugal, Brazilian differences in grammar and vocabulary are highlighted throughout, with the opportunity to use these in the exercises. Spellings conform to the Portuguese Spelling Reform agreed on in 1990 and now generally accepted into the language of Lusophone (Portuguese-speaking) countries around the world.

The structure of each chapter is as follows:

- Presentation of the grammar point in table and note form
- List of common, basic uses
- Example sentences illustrating each usage
- Exercises addressing the chapter's grammar topic (At least one activity here will use vocabulary from previous chapters as well.)
- Themed vocabulary box with up to 20 new words per chapter
- Further exercises, this time using new vocabulary and including translation activities
- Answer key
- An English–Portuguese glossary

And new to this second edition, resources are included in the McGraw-Hill Language Lab app that will help your study. These include:

- Flash cards for all vocabulary lists throughout the book
- Recordings of the answers to more than 100 exercises in the book. This streaming audio provides models for pronunciation of both Brazilian and continental Portuguese.

- Record Yourself feature (if your mobile device has this capacity), so you can compare your pronunciation against native-speaker recordings
- Auto-fill Glossary for quick reference

Abbreviations used in this book

BP	Brazilian Portuguese
EP	European Portuguese
m.	masculine
f.	feminine
sing.	singular
pl.	plural
pol.	polite
fam.	familiar
lit.	literally
abbrev.	abbreviation

Portuguese is a vitally-important world language, listed invariably as the fifth or sixth most-spoken language in the world. It is also a wonderfully vibrant, melodic, and colorful language, spoken in Europe, Latin America, Africa, and the East. Enjoy your studies of it, and once you have mastered the basics, take your learning further—both you and Portuguese deserve it!

Good Luck! **Boa Sorte!**

Acknowledgments

I'd like to thank Garret Lemoi at McGraw-Hill for coming to me with another book idea, on Christopher Brown's behalf, and Christopher himself for trusting me to another great project. Garret has been my guiding editor now for a number of years, so it is sad that he has now moved on from languages. However, Holly McGuire has ably moved into his shoes and I am grateful to her for her continued support on this project. I also continue to be amazed by the designers and other editorial staff who take my basic words and turn them into such sumptuous publications. Thank you all for your expertise.

My own students here in the UK also require my gratitude, as so often they forego our sessions when my writing schedule gets tight; they also provide me with a providential testing ground for material and often trigger some of my best ideas. I am also grateful, as usual, to Brenda Wright, who did a huge chunk of my typing once more (until she hopped off to Australia for two months and left me working with four fingers on my own!).

Finally, but of the greatest importance, my long-suffering husband Ed and daughter Edith, who make sure that family life goes on around Mummy's schedules; who get on with weekend trips while Mummy is at the computer; who put up with Mummy's anxious grumbles; and who keep Mummy supplied with tea and nibbles throughout! Love you both—and school's out now!

Obrigada to all!

Subject pronouns • Family

Subject pronouns

Subject pronouns are the words *I*, *he*, *she*, etc., that we use with a verb (an action word) to show who is carrying out the action.

SINGULAR		PLURAL	
eu	*I*	nós	*we*
tu / você, o senhor/ a senhora	*you**	vós / vocês, os senhores/ as senhoras	*you*
ele	*he, it*	eles	*they (masculine)*
ela	*she, it*	elas	*they (feminine)*

*For an explanation of translating "you," see below.

Uses

- ◆ Personal pronouns can take the place of nouns, to avoid repeating who (proper names) or what (things) is "in charge" of the verb.
- ◆ The word for *it* in Portuguese can be masculine or feminine, depending on the gender (sex) of the item concerned (see also Chapters 16–18).
- ◆ The plural *they* can also be masculine or feminine; for a mixed group (for example, six men and four ladies), the masculine always takes precedence.
- ◆ It is not always necessary in Portuguese to use a subject pronoun, as often the ending of the verb will also tell you who is carrying out the action.
- ◆ Pronouns can add emphasis to a sentence: "*He* stole it, not me!"

Translating *you*

There are a few ways to address someone as *you*:

SINGULAR	USE WITH
tu	Family, close friends, children, pets (seldom used in Brazil)
o + *man's name*/ **a** + *lady's name*	Friends, colleagues, people of similar age or status (not used in Brazil)
você	The primary form of address in Brazil for friends, colleagues, people of similar age or status; also used in Portugal as an alternative to the above, with people you know a little or in informal situations.
o senhor (*to a man*)/ **a senhora** (*to a lady*)	The most polite form of *you* for older people, with strangers, and in situations of formality; these also literally mean "the man/the lady" in other situations.

PLURAL	USE WITH
vós	Rarely used in spoken language—older people may still use it; you may hear it in church sermons; and if you study literature, you will still come across it in the written language.
vocês	When addressing more than one person, as with the singular form
os senhores/as senhoras	The same as with the singular form; when addressing a mixed group, use the masculine form; these also mean "the men/the ladies / they" when not directly addressing the people concerned.

Interesting titles—higher-level formality

For anyone with a university degree and for medical doctors, use **o senhor Doutor/a senhora Doutora** (note the capitalization). Many other professions of certain stature assume professional titles, with or without the addition of **Doutor**: **o (senhor) Engenheiro/a senhora Engenheira** (*engineer*); **o (senhor) Arquiteto/a (senhora) Arquiteta** (*architect*); **o (senhor) Professor/a (senhora) Professora** (*teacher*). Use this format also with people such as directors and diplomatic personnel. These are also used literally to mean "the engineer, teacher," etc., when not directly addressing the people concerned.

To add weight to the formality, use a progression of titles, for example, **o senhor Doutor Advogado** (*lawyer*). For people in positions of elevated status in public life—mayors, councillors, deputies—use **Vossa Excelência** (*Your excellency*).

Examples

Eu sou americano.	*I am American.*
Tu cantas bem.	*You sing well.*
Ele joga futebol.	*He plays soccer / football.*
(Ele) é barato.	*It is cheap.*
Ela fala espanhol.	*She speaks Spanish.*
(Ela) está partida (BP quebrada).	*It (f.) is broken.*
Você é alto.	*You are tall.*
O senhor é simpático.	*You (sir) are kind / nice.*
A senhora trabalha no banco.	*You (madame) work in the bank.*
O senhor Engenheiro tem os planos.	*You (Engineer) have the plans.* ALSO: *The engineer has the plans.*
Nós moramos em Chicago.	*We live in Chicago.*
Vocês gostam do Brasil.	*You (pl.) like Brazil.*
Os senhores gastam muito dinheiro.	*You (pl., pol.) spend a lot of money.*
Eles pintam a casa.	*They (m./mixed group) paint the house.*
Elas compram leite.	*They (f.) buy milk.*

ATIVIDADE

1·1

Translate the following personal pronouns into English.

1. eu _____

2. ela _____

3. as senhoras _____

4. nós _____

5. vocês _____

6. tu _____

7. ele _____

8. elas _____

9. você _____

10. eles _____

Insert the correct pronoun / form of address into the sentences, to match the Portuguese sentence to the English.

1. _____ gosta de vinho.   *He likes wine.*

2. _____ sou brasileira.   *I am Brazilian.*

3. _____ comemos peixe.   *We eat fish.*

4. _____ moram em Lisboa.   *They (f.) live in Lisbon.*

5. _____ estudas português.   *You (sing., to a family member) study Portuguese.*

6. _____ está bem.   *She is well.*

7. _____ bebem vinho.   *You (pl., to older strangers) drink wine.*

8. _____ ouvem a música.   *They (mixed group) listen to the music.*

9. _____ fala rapidamente.   *You (to the city mayor) speak quickly.*

10. _____ trabalha aqui.   *You (sing., to a Brazilian colleague) work here.*

VOCABULÁRIO

A família (The Family)

o pai	father	**a mãe**	mother
o filho	son	**a filha**	daughter
os pais	parents	**os filhos**	children
o marido / esposo	husband	**a mulher / esposa**	wife
o irmão	brother	**a irmã**	sister
o tio	uncle	**a tia**	aunt
os irmãos	brothers and sisters	**os tios**	uncles and aunts
o avô	grandfather	**a avó**	grandmother
o neto	grandson	**a neta**	granddaughter
os avós	grandparents	**os netos**	grandchildren

ATIVIDADE

1·3

Choose the correct pronoun / form of address in each sentence, to match the Portuguese sentence to the English.

1. (Eu / As senhoras) sou engenheira.   *I am an engineer.*

2. (Ela / Elas) trabalha com o pai.   *She works with her father.*

3. (A senhora / Nós) visitamos os avós.   *We visit our grandparents.*

4. (Ele / Vocês) jantam em casa.   *You (pl.) have dinner at home.*

5. (Elas / Você) escrevem para a tia.   *They (f.) write to their aunt.*

6. (O senhor / Vós) tem dois irmãos.   *You (sing., pol.) have two brothers.*

7. (Tu / Você) tens seis anos.   *You (sing., to a child) are six years old.*

8. (Vós / Eles) moram com o meu tio.   *They live with my uncle.*

9. (Nós / A senhora Doutora Arquiteta) é de Ohio.   *You (very pol.) are from Ohio.*

10. (Ele / Ela) é o meu neto.   *He is my grandson.*

ATIVIDADE

1·4

Test yourself: What are the corresponding Portuguese pronouns?

1. you (*sing., to a child*)   _____

2. she   _____

3. we   _____

4. you (*pl., used extensively in Brazil*) _____

5. I   _____

6. they (*f.*)   _____

7. he   _____

8. they (*mixed group*)   _____

9. you (*sing., to a colleague*)   _____

10. it (*Think carefully!*)   _____

Ser (*to be*) • Professions ·2·

Ser

There are two verbs in Portuguese both meaning "to be" (*I am, you are*, etc.). In this chapter we'll look at the first one, **ser**, used mainly for permanent situations.

SINGULAR		PLURAL	
eu sou	*I am*	nós somos	*we are*
tu és	*you are*	[vós sois	*you are*]
ele é	*he, it is*	eles são	*they are* (*m.*)
ela é	*she, it is*	elas são	*they are* (*f.*)
você,		vocês,	
o senhor/		os senhores/	
a senhora é	*you are*	as senhoras são	*you are*

Uses

- Remember to choose the correct form for "you" (singular or plural) depending on your familiarity with the person concerned.
- The plural form **vós** is rarely used; for plural "you," use **vocês, os senhores/ as senhoras**.
- "It" is the same form of the verb as "he/she."
- It is perfectly acceptable to use the form of the verb without the personal pronoun: **sou** means "I am," and cannot mean anything else. However, **é** can mean "he/she / it is, you are," and therefore the addition of the pronoun avoids confusion.
- To make the verb negative (*I am not* . . .), put the word **não** before the verb.
- To form a question (*Is he* . . . *?*), put a question mark at the end of the sentence and raise the tone of your voice in a questioning way.

When to use **ser**

- nationalities
- professions
- marital status
- origins of people / things
- possession
- time, days, dates
- what something is made from

- geographical location
- permanent characteristics
- inherent (non-changing) characteristics
- permanent nature
- impersonal expressions
- climate / permanent weather
- passive sentences

Examples

Sou americana.	*I am American (f.).*
(Ele) é engenheiro.	*He is an engineer.*
(Você) é casado?	*Are you married?*
O meu tio é de Nova Iorque.	*My uncle is from New York.*
A bola é da minha irmã.	*The ball is my sister's.*
São 10 horas.	*It is 10 o'clock.*
Hoje é domingo.	*Today is Sunday.*
É 25 de julho.	*It is the 25th of July. / It is July 25th.*
A bolsa é de cabedal (BP de couro).	*The purse is (of) leather.*
Lisboa é em Portugal.	*Lisbon is in Portugal.*
(Nós) somos inteligentes.	*We are intelligent.*
A fruta é boa para a saúde.	*Fruit is good for (one's) the health.*
Isto é um cão (BP cachorro).	*This is a dog.*
É fantástico!	*It is fantastic!*
O clima daqui é diferente.	*The climate here is different.*
A casa é pintada por eles cada seis meses.	*The house is painted by them every six months.*

ATIVIDADE
2·1

*Write the correct form of the verb **ser** for each pronoun.*

1. eu _____

2. você _____

3. vocês _____

4. ele _____

5. eles _____

6. tu _____

7. nós _____

8. eu e ela _____

9. ela _____

10. elas _____

*Complete these sentences with the correct forms of **ser**, to match the Portuguese sentence to the English.*

1. A minha tia _____ de Michigan.   *My aunt is from Michigan.*

2. Eu _____ inglês.   *I am English.*

3. O nosso irmão não _____ casado.   *Our brother is not married.*

4. Vocês _____ amigos?   *Are you friends?*

5. Tu não _____ estudante.   *You are not a student.*

6. Os teus primos _____ altos.   *Your cousins are tall.*

7. Hoje _____ sábado.   *Today is Saturday.*

8. O livro _____ da avó.   *The book is grandmother's.*

9. Esta cadeira _____ de plástico?   *Is this chair (made) of plastic?*

10. O pai dela _____ inteligente.   *Her father is intelligent.*

VOCABULÁRIO

As profissões (*Professions*)

MASCULINE	FEMININE	
o professor	a professora	teacher
o arquiteto	a arquiteta	architect
o urbanista	a urbanista	town / city planner
o desenhador / programador de sistemas de informática (BP **designer de TI**)	a desenhadora / programadora de sistemas de informática (BP **designer de TI**)	IT (designer)
o dentista	a dentista	dentist
o médico	a médica	doctor
o advogado	a advogada	lawyer
o policial / o polícia	a policial / a polícia	police officer
o vendedor	a vendedora	salesperson
o secretário	a secretária	secretary
o empregado (de mesa) (BP **garçom**)	a empregada (BP **garçonete**)	waiter/waitress
o canalizador (BP **encanador**)	a canalizadora (BP **encanadora**)	plumber
o agricultor (BP **fazendeiro**)	a agricultora (BP **fazendeira**)	farmer
o enfermeiro	a enfermeira	nurse
o rececionista (BP **recepcionista**)	a rececionista	receptionist
o construtor	a construtora	builder
o psicólogo	a psicóloga	psychologist
o empresário	a empresária	business person
o jornalista	a jornalista	journalist

ATIVIDADE

2·3

Translate the following sentences into English.

1. Eles são médicos.

_____

2. O apartamento é moderno.

_____

3. Você não é casado.

_____

4. Nós somos colegas.

_____

5. As senhoras (*You*) são de Washington?

_____

6. Eu sou professor.

_____

7. O meu dentista é brasileiro.

_____

8. Hoje é 15 de dezembro.

_____

9. Paris não é em Portugal.

_____

10. São os primos do José.

_____

ATIVIDADE

2·4

Translate the following sentences into Portuguese.

1. Are you (*pl., very pol.*) from Kansas?

_____

2. You (*sing., fam.*) are a receptionist.

_____

3. We are not friends.

_____

4. They (*f.*) are lawyers.

_____

5. The ball is made of plastic.

_____

6. It's fantastic!

_____

7. The fruit is from Brazil.

_____

8. This is not a bag.

_____

9. I am a city planner.

_____

10. Are they (*m.*) farmers?

_____

Estar (to be) •
Moods / emotions

Estar

The second verb meaning "to be" in Portuguese is **estar**, used mostly to denote temporary situations.

SINGULAR		PLURAL	
eu estou	*I am*	nós estamos	*we are*
tu estás	*you are*	[vós estais	*you are*]
ele está	*he, it is*	eles estão	*they are (m.)*
ela está	*she, it is*	elas estão	*they are (f.)*
você,	*you are*	vocês,	*you are*
o senhor/		os senhores/	
a senhora está		as senhoras estão	

When to use estar

- temporary place or position
- description of temporary / changeable states and characteristics
- temporary feelings, emotions
- temporary illness
- as a greeting
- weather (but not permanent climate features)
- with **com** (*with*) + a noun (e.g., *to be with hunger*) to replace **ter** (*to have*) + a noun (e.g., *to have hunger*)

Examples

Eu estou no escritório.	*I am in the office.*
Os livros estão na gaveta.	*The books are in the drawer.*
Você não está em Salvador.	*You are not in Salvador.*
Está muito quente esta semana.	*It's very hot this week.*
A sopa não está quente.	*The soup is not hot.*
Esta laranja não está boa.	*This orange isn't good.*
Nós estamos cansados.	*We are tired.*
Tu estás contente?	*Are you happy?*
A Maria está doente.	*Maria is sick (unwell).*
Como estão vocês?	*How are you?*
Estamos bem, e você?	*We're well, and you?*
Eles estão com fome.	*They are hungry. (lit., They are with hunger.)*
A minha filha está com sono.	*My daughter is sleepy. (lit., My daughter is with sleep.)*

Write the correct form of the verb **estar** for each pronoun.

1. eu _____

2. as senhoras _____

3. você _____

4. vocês _____

5. eles _____

6. ela _____

7. tu _____

8. elas _____

9. nós _____

10. ele _____

Complete these sentences with the correct form of the verb **estar,** to match the Portuguese sentence to the English.

1. A professora _____ na sala. — *The teacher is in the classroom.*

2. Eu _____ bem, obrigada. — *I'm well, thanks.*

3. O vendedor não _____ feliz. — *The salesman is not happy.*

4. Nós _____ com fome. — *We are hungry.*

5. A empregada de mesa (BP garçonete) _____ doente? — *Is the waitress ill?*

6. Os construtores _____ com fome. — *The builders are hungry.*

7. Não _____ quente hoje. — *It's not hot today.*

8. A canalizadora (BP encanadora) não _____ bem. — *The plumber is not well.*

9. Onde _____ a bolsa? — *Where is the bag?*

10. Como _____ a sopa? — *How is the soup?*

Disposições e emoções (Moods and emotions)

bem	well	**zangado/a**	angry
surpreendido/a	surprised	**triste**	sad
mal	unwell	**aborrecido/a**	bored, boring
disposto/a	willing	**feliz**	happy, content
cansado/a	tired	**satisfeito/a**	satisfied
chateado/a	annoyed	**emocionado/a**	excited
calmo/a	calm	**interessado/a**	interested
preocupado/a	worried		

VOCABULÁRIO

Expressions with estar (to be)

estar com . . .	to be . . .
. . . **calor**	. . . warm, hot (*for people*)
. . . **frio**	. . . cold (*for people*)
. . . **sono**	. . . sleepy
. . . **sede**	. . . thirsty
. . . **fome**	. . . hungry

ATIVIDADE
3·3

Translate the following sentences into English.

1. O senhor (*You*) está no banco.

_____

2. Os livros estão na bolsa.

_____

3. Está frio em Londres?

_____

4. Tu não estás interessado.

_____

5. As portas (*doors*) estão abertas (*open*).

_____

6. Você está bem?

_____

7. Os senhores (*You*) estão com muito calor.

_____

8. Elas não estão surpreendidas.

_____

9. A senhora (*You*) não está satisfeita?

_____

10. Nós estamos tristes.

_____

Estar + a + *verb* (to be . . . -ing)

Use this structure to describe an action that is going on right now, or that has some long-term continuity to it. The "action" verb after **a** is in the infinitive form—you do not need to change its endings.

Estou a falar.	*I am speaking.*
Ele está a estudar português.	*He is studying Portuguese.*
Estamos a trabalhar nos Estados Unidos.	*We are working in America (U.S.A.).*

To be . . . *-ing* in Brazilian Portuguese

In Brazil, the construction is slightly different:

part of **estar** + *verb ending in* **-ando** (-**ar** verbs)
-endo (-**er** verbs)
-indo (-**ir** verbs)

Estou falando.	*I am speaking.*
Você está comendo.	*You are eating.*
Eles estão partindo.	*They are departing.*

(For more on the different verb groups, see Chapters 4, 5, and 8.)

ATIVIDADE
3·4

Translate the following sentences into Portuguese. Use the correct form of the verb **estar** *plus the verb given in parentheses. You can use either the European or Brazilian structure.*

1. You (*m., very pol.*) are reading (**ler**).

_____

2. Are you (*f., very pol.*) studying (**estudar**) English?

_____

3. You (*pl.*) are not working (**trabalhar**).

_____

4. It is raining (**chover**).

_____

5. I am not eating (**comer**) the soup.

_____

6. You (*pl.*) are visiting (**visitar**) Brazil.

_____

7. They (*f.*) are going up (**subir**) the stairs (**as escadas**).

_____

8. You (*fam.*) are not departing (**partir**) today.

_____

9. Are you (*f., pl., very pol.*) making (**fazer**) a cake?

_____

10. Is he drinking (**beber**) wine (**vinho**)?

_____

Regular -ar verbs: present tense • Hobbies and leisure

Conjugation of -ar verbs

All verbs in Portuguese fall into three main groups, plus a group of irregular verbs which don't follow normal rules or patterns. The first group of regular verbs, referred to as "first-conjugation verbs," all end in **-ar**. The infinitive form of a regular verb, such as **saltar** (*to jump*), consists of the stem **salt** and the ending **-ar**. The infinitive form tells the meaning of the verb, "to jump;" it does not tell you *who* is jumping.

In Portuguese, to show *who* is carrying out the action, you have to conjugate the verb (change the endings of the verbs for each person). Look at the pattern below for the present tense of **-ar** verbs.

PINTAR TO PAINT		**PINT -AR > PINT** + *ENDINGS*	
SINGULAR		PLURAL	
eu pint**o**	*I paint*	nós pint**amos**	*we paint*
tu pint**as**	*you paint*	[vós pint**ais**	*you paint*]
ele pint**a**	*he, it paints*	eles pint**am**	*they (m.) paint*
ela pint**a**	*she, it paints*	elas pint**am**	*they (f.) paint*
você,	*you paint*	vocês,	*you (pl.) paint*
o senhor/		os senhores/	
a senhora pint**a**		as senhoras pint**am**	

When to use the present tense

- ◆ to express habitual, repeated actions; to describe actions we carry out as normal patterns during our lives
- ◆ to state a fact
- ◆ as a means of talking about the future
- ◆ for emphasis: *I **do** speak English.*
- ◆ with a questioning intonation, to ask: *Does he work here?*
- ◆ with a negative, to say you don't do something

Examples

Eu trabalho todos os dias.	*I work every day.*
Nós almoçamos às 12 horas.	*We have lunch at 12:00.*
O meu primo mora em Washington.	*My cousin lives in Washington.*
O filme começa às 7 horas.	*The film starts at 7:00.*
Ela telefona amanhã.	*She will phone tomorrow.*

Vocês chegam no domingo.
Falo português, sim!
A senhora mora aqui?
Os alunos não estudam bem.

You (will) arrive on Sunday.
I do speak Portuguese!
Do you (madam) live here?
The pupils do not study well.

ATIVIDADE 4·1

Write the correct forms of the verbs for each pronoun.

1. eu falar (*to speak*) _____

2. ela trabalhar (*to work*) _____

3. eles estudar (*to study*) _____

4. tu pagar (*to pay*) _____

5. nós perguntar (*to ask*) _____

6. ele começar (*to begin*) _____

7. vocês jogar (*to play sport*) _____

8. elas comprar (*to buy*) _____

9. você lavar (*to wash*) _____

10. os senhores navegar (*to surf the Internet*) _____

ATIVIDADE 4·2

Complete the sentences with the correct form of the verbs in parentheses to match the Portuguese sentences to the English.

1. Quando tem fome, a Ana (almoçar) _____ cedo.
   When she is hungry, Ana has lunch early.

2. Tu (ganhar) _____ bem?
   Do you earn a lot (well)?

3. Não estamos satisfeitos, então não (pagar)_____ a conta.
   We're not satisfied, so we're not paying the bill.

4. Geralmente eu (jantar) _____ às 19 horas.
   Generally I have dinner at 7 P.M.

5. A minha mãe (trabalhar) _____ no banco e está contente.
   My mother works in the bank and is happy.

6. Você (gostar) _____ de chocolate?
   Do you like chocolate?

7. Eles estão doentes, mas (estudar) _____ em casa.

   They are ill, but study at home.

8. Vocês não (tocar) _____ piano.

   You (pl.) don't play (the) piano.

9. José está triste porque a namorada nunca (telefonar) _____.

   José is sad because his girlfriend never phones.

10. A Maria e a Cristina (conversar) _____ todos os dias.

    Maria and Cristina chat every day.

VOCABULÁRIO

Os passatempos e o tempo livre (*Hobbies and leisure*)

o livro	book	**desenhar**	to draw
a revista	magazine	**participar (de)**	to participate (in)
a poesia	poetry	**cozinhar**	to cook
a cerâmica	pottery	**tricotar**	to knit
a fotografia	photography	**dançar**	to dance
a informática	computing	**cantar**	to sing
os jogos eletrónicos	computer games	**jogar**	to play (game, sport)
(BP **electrônicos**)		**tocar**	to play (music)
a jardinagem	gardening	**navegar**	to surf the net (Internet)
a costura	dressmaking (sewing)	**passear**	to go for walks, strolls
a música	music		

ATIVIDADE

4·3

Choose an appropriate verb from the list below and conjugate it correctly to complete each sentence.

gostar	morar	passear	participar	chegar
falar	dançar	trabalhar	navegar	comprar

1. Nós _____ no parque.

2. Tu não _____ francês bem.

3. A professora _____ à escola às 8:30.

4. Vocês não _____ na Internet no domingo.

5. Eu _____ bananas ao mercado.

6. O Manuel _____ de concertos de música clássica.

7. Os senhores não _____ em Chicago?

8. O meu pai _____ num colégio.

9. Você _____ de poesia?

10. Eu e ela _____ bem.

ATIVIDADE
4·4

Translate the following sentences into Portuguese.

1. Do you (*sing., fam.*) like music?

_____

2. We travel (**viajar**) a lot.

_____

3. Teresa never (**nunca**) buys books.

_____

4. I arrive on Sunday.

_____

5. He washes the car (**o carro**) every day.

_____

6. My grandmother loves (**adorar**) sewing.

_____

7. You (*pl.*) don't sing well.

_____

8. They (*f.*) play soccer (**futebol**).

_____

9. Does she teach (**ensinar**) photography?

_____

10. The bank closes (**fechar**) early (**cedo**).

_____

Regular -er verbs: present tense • Meals and menus

Conjugation of -er verbs

The second group of regular verbs in Portuguese, referred to as "second-conjugation verbs," all end in -**er**. They follow the same rules and are used in the same way as the -**ar** verbs seen in Chapter 4. Look at the pattern below for the present tense of -**er** verbs.

BEBER *TO DRINK*		BEB -**ER** > **BEB** + *ENDINGS*	
SINGULAR		PLURAL	
eu beb**o**	*I drink*	nós beb**emos**	*we drink*
tu beb**es**	*you drink*	[vós beb**eis**	*you drink*]
ele beb**e**	*he, it drinks*	eles beb**em**	*they (m.) drink*
ela beb**e**	*she, it drinks*	elas beb**em**	*they (f.) drink*
você,	*you drink*	vocês,	*you (pl.) drink*
o senhor/		os senhores/	
a senhora beb**e**		as senhoras beb**em**	

Some -**er** verbs have a small spelling change in the first-person singular (*I*) of the verb. Here are a few examples. Aim to build up a longer list of your own as you come across them.

conhecer (*to know a person or place*)	eu conheço
reconhecer (*to recognize*)	eu reconheço
descer (*to descend*)	eu desço
proteger (*to protect*)	eu protejo
perder (*to lose*)	eu perco
oferecer (*to offer*)	eu ofereço

Examples

Eu como peixe todos os dias.	*I eat fish every day.*
Tu nunca escreves cartas.	*You never write letters.*
Ele corre rapidamente.	*He runs quickly.*
A professora responde à pergunta.	*The teacher replies to the question.*
Sempre chove aqui?	*Does it always rain here?*
(Você) compreende?	*Do you understand?*
Nós recebemos muitos cartões postais.	*We receive lots of postcards.*
Onde vocês aprendem italiano?	*Where do you learn (are you learning) Italian?*
Os advogados resolvem o problema.	*The lawyers (re)solve the problem.*

Elas devem estar com frio.
Eu não conheço o seu irmão.
Ela desce as escadas devagar.
Esqueço-me sempre das chaves.
O cão (BP o cachorro) protege a casa.

They must be cold.
I don't know your brother.
She goes down the stairs slowly.
I always forget the keys.
The dog protects the house.

ATIVIDADE 5·1

Write the correct forms of the verbs for each pronoun.

1. eu descer (*to descend*) _____

2. elas bater (*to beat*) _____

3. vocês sofrer (*to suffer*) _____

4. a Maria devolver (*to return*) _____

5. tu escolher (*to choose*) _____

6. ele perder (*to lose*) _____

7. nós vender (*to sell*) _____

8. você esconder (*to hide*) _____

9. eles conhecer (*to know a person or place*) _____

10. (it) acontecer (*to happen*) _____

ATIVIDADE 5·2

In numbers 1–5, change the verbs from singular to plural. In numbers 6–10, change the verbs and pronouns from plural to singular.

1. Eu vendo cartões postais.   Nós _____.

2. Ele escreve poesia.   Eles _____.

3. Ela aprende música.   Elas _____.

4. Você conhece João.   Vocês _____.

5. O estudante não compreende.   Os estudantes _____.

6. Nós oferecemos o livro.   _____ _____.

7. Elas devolvem os jogos eletrónicos (BP eletrônicos).   _____ _____.

8. As irmãs escolhem as revistas.   _____ _____.

9. Eles escondem o chocolate.   _____ _____.

10. Vocês sofrem muito.   _____ _____.

As refeições e a ementa (BP o cardápio) (*Meals and the menu*)

a comida	food
a refeição	meal
o pequeno-almoço (BP **o café da manhã**)	breakfast
o almoço	lunch
o lanche, a merenda	snack
o jantar	dinner
a ceia	supper
a refeição ligeira	light meal
o aperitivo	aperitive
a entrada	starter, appetizer
o prato principal	main course
a sobremesa / o doce	sweet / dessert
os peixes	fish section
as carnes	meat section
os queijos	cheeses
as bebidas	drinks
provar	to taste / try
tomar / comer / beber	to have (drink, food) / to eat / to drink
almoçar	to have lunch
jantar	to dine

ATIVIDADE
5·3

Complete the sentences with the correct forms of the verbs in parentheses.

1. O restaurante (vender) _____ refeições ligeiras.

2. Tu (beber) _____ vinho?

3. Elas (escolher) _____ o prato principal.

4. O Fernando não (conhecer) _____ o meu pai.

5. Eu (comer) _____ um lanche em casa.

6. Sandra (receber) _____ muitas cartas.

7. Vocês (beber) _____ aperitivos?

8. Eles (devolver) _____ as chaves.

9. Nós (dever) _____ provar o queijo.

10. (*It*) (chover) _____ em Pittsburgh?

Translate the following sentences into Portuguese.

1. I know Brad Pitt.

   _____

2. The lawyers choose the drinks.

   _____

3. Do you (*sing., fam.*) eat the dessert?

   _____

4. The supper happens every year (**todos os anos**).

   _____

5. He must try the starter.

   _____

6. They (*f.*) return the food.

   _____

7. You (**você**) don't write postcards.

   _____

8. We go down the stairs slowly.

   _____

9. Do you (*pl., very pol.*) learn English?

   _____

10. Mike sells pottery.

   _____

Irregular verbs, part 1: present tense • The weather

·6·

Irregular verbs **ver, ler, dizer, fazer, trazer**

A number of verbs in Portuguese do not follow the regular pattern of formation. They are referred to as *irregular* verbs, and there is no easy way of remembering their patterns—you just have to learn each one in turn and try to recognize and use them as you go along.

This chapter looks at five common irregular verbs: **ver, ler, dizer, fazer, trazer**. Look for similar patterns to help you learn more quickly.

	VER (TO SEE)	**LER** (TO READ)	**DIZER** (TO SAY, TELL)	**FAZER** (TO DO, MAKE)	**TRAZER** (TO BRING)
eu	vejo	leio	digo	faço	trago
tu	vês	lês	dizes	fazes	trazes
ele/ela, você, o senhor/ a senhora	vê	lê	diz	faz	traz
nós	vemos	lemos	dizemos	fazemos	trazemos
[vós*	vedes	ledes	dizeis	fazeis	trazeis]
eles/elas, vocês, os senhores/ as senhoras	veem	leem	dizem	fazem	trazem

*Generally not used in everyday language.

When to use the present tense

- ◆ to describe people carrying out these actions in the present tense
- ◆ in statements of fact about these actions
- ◆ as a means of conveying a near future
- ◆ put **não** before the verb to make the statement negative
- ◆ with rising intonation at the end of a statement to form a question

Examples

(Eu) Vejo televisão todos os dias.	*I watch TV every day.*
(Tu) Lês rapidamente.	*You read quickly.*
Ele não diz a verdade.	*He doesn't tell the truth.*
O que ela faz?	*What does she do? (i.e., What work?)*
O cão (BP cachorro) traz a bola.	*The dog brings the ball.*
(Nós) Vemos os amigos amanhã.	*We are seeing our friends tomorrow.*

Eles dizem que leem muito.   *They say that they read a lot.*
As senhoras fazem o trabalho?   *Do you (very pol.) ladies do the work?*
Vocês nunca trazem os documentos.   *You (pl.) never bring the documents.*

ATIVIDADE

6·1

Write the correct forms of the verbs for each pronoun.

1. eu ver   _____

2. ele dizer   _____

3. nós ler   _____

4. elas fazer   _____

5. vocês trazer   _____

6. tu fazer   _____

7. você ler   _____

8. eles ver   _____

9. ela trazer   _____

10. tu e eu dizer   _____

ATIVIDADE

6·2

Complete the sentences with the correct forms of the verbs in parentheses.

1. (Tu) (ver) _____ a lista das sobremesas?

2. Eles (fazer) _____ o jantar.

3. (Eu) não (dizer) _____ o meu nome.

4. O empregado (trazer) _____ as entradas.

5. Você (ver) _____ o filme?

6. Ele (dizer) _____ que não come o almoço.

7. (Nós) (fazer) _____ o trabalho no domingo.

8. Vocês (trazer) _____ os livros?

9. A Mônica (ler) _____ a ementa.

10. As amigas (dizer) _____ "adeus" (*good-bye*).

VOCABULÁRIO

O tempo (The weather)

faz calor / há calor / está calor / está quente	it's hot
faz frio / há frio / está frio	it's cold
faz vento / há vento / está ventoso	it's windy
há chuva / chove / está a chover (BP está chovendo)	it's raining
há . . . *or* tem . . .	there is . . . / are . . .
(as) nuvens	clouds
(o) trovão	thunder
(as) trovoadas	thunderstorms
(os) relâmpagos	lightning
(a) neve	snow
(o) nevoeiro	fog
(os) furacões / ciclones	cyclones

ATIVIDADE 6·3

Choose an appropriate verb from the list below to complete each sentence.

faço	vê	leem	dizes	trazemos
veem	leio	diz	fazem	trazes

1. Os estudantes _____ os livros.

2. Vocês _____ os relâmpagos?

3. Tu _____ comida todos os dias?

4. (Eu) _____ o jornal à noite.

5. O Miguel não _____ as nuvens.

6. (Nós) nunca _____ os livros para a escola.

7. Ela _____ que faz frio amanhã.

8. (Eu) _____ refeições ligeiras quando há calor.

9. O que (tu) _____? Sim ou não?

10. Os ciclones _____ muito vento.

ATIVIDADE 6·4

Match the verbs with the pronouns.

1. vejo _____   a. ela

2. diz _____   b. vocês

3. lemos _____
4. trazem _____
5. fazes _____

c. eu

d. nós

e. tu

ATIVIDADE
6·5

Translate the following sentences into Portuguese.

1. I read the menu.

   _____

2. John doesn't bring the documents.

   _____

3. You (*pl.*) don't make dinner?

   _____

4. We say that (**que**) it's hot.

   _____

5. They (*f.*) see (*watch*) TV every day.

   _____

Irregular verbs, part 2: present tense • Politics

Irregular verbs **poder, querer, perder, pôr**

In this chapter, you will practice some more common verbs which have irregularities in some, or all, of their formations. They are useful everyday verbs. Look at the chart below for the present tense form of these verbs.

	PODER (TO BE ABLE TO, CAN)	QUERER (TO WISH, WANT)	PERDER (TO LOSE)	PÔR (TO PUT)
eu	posso	quero	perco	ponho
tu	podes	queres	perdes	pões
ele/ela, você, o senhor/ a senhora	pode	quer	perde	põe
nós	podemos	queremos	perdemos	pomos
[vós*	podeis	quereis	perdeis	pondes]
eles/elas, vocês, os senhores/ as senhoras	podem	querem	perdem	põem

*For limited use only, as previously mentioned.

Uses

- ◆ For the main, general, uses of irregular verbs, refer back to Chapter 6.
- ◆ **Poder** means "to be able to" and is followed by a verb in its infinitive form (the Portuguese always reads as "I am able to _____," whereas in English, we often say, "I can _____.").
- ◆ **Perder** means "to lose," but also means "to miss" (the bus, train, etc.).
- ◆ **Pôr** means "to put," and is also used to mean "to set the table," and "to put on (clothes)."
- ◆ The expression for "sunset" also uses this verb (o **pôr do sol** = the putting of the sun).

Apart from **pôr**, which is completely irregular, the other three only deviate from the regular -**er** verb formation in the first-person, singular form: **posso** and **perco**, and the third person singular **quer**.

Examples

(Eu) perco os óculos todo os dias. *I lose the (my) glasses every day.*
Não queres ir ao cinema? *Don't you want to go to the cinema?*

Ela põe a carteira na gaveta.	*She puts the purse / wallet in the drawer.*
(Nós) não podemos visitar o castelo.	*We can't visit the castle.*
Eles querem mais bolo.	*They want more cake.*
Você pode ajudar, por favor?	*Can you help please?*
As meninas põem a mesa para a mãe.	*The girls set the table for the (their) mother.*
O Miguel sempre perde o autocarro (BP ônibus) às segundas-feiras.	*Michael always misses the bus on Mondays.*
Não podem terminar hoje?	*Can you (pl.) / Can they not finish today?*

ATIVIDADE
7·1

Write the correct forms of the verbs for each pronoun.

1. eu poder _____

2. nós pôr _____

3. ele querer _____

4. eu querer _____

5. elas pôr _____

6. tu perder _____

7. você poder _____

8. ela perder _____

9. vocês poder _____

10. eles perder _____

ATIVIDADE
7·2

Choose the correct form of the verb to complete each sentence.

1. Eu não _____ sair, porque está a chover (BP está chovendo).
   a. posso   b. ponho

2. Ele _____ ver um filme.
   a. quer   b. querem

3. Tu _____ as luvas quando faz frio?
   a. podes   b. pões

4. Vocês _____ os óculos?
   a. podem   b. perdem

5. Nós _____ ir à praia (*beach*) porque faz calor.
   a. queremos   b. pomos

6. Você _____ a mesa para o jantar?
   a. pões   b. põe

7. Hoje há vento; vamos _____ o cachecol (*scarf*).
   a. poder   b. pôr

8. Elas _____ fazer o trabalho hoje.
   a. podem   b. perdem

9. Os pais _____ ir ao museu (*museum*).
   a. põem   b. querem

10. Tu não _____ visitar a montanha porque tem nevoeiro.
    a. queres   b. pões

ATIVIDADE
7·3

Complete the sentences with the correct form of an appropriate verb.

1. Sara sempre _____ o autocarro / ônibus.

2. Eu não _____ ver televisão.

3. Vocês _____ creme solar (*suncream*).

4. Tu não _____ ir à festa (*to the party*).

5. Elas nunca _____ os documentos.

6. Ele _____ um bolo?

7. Nós _____ ver o pôr-do-sol.

8. Os professores não _____ mais (*more*) trabalho.

9. Você _____ a mesa para ajudar?

10. Os senhores (*You, pol.*) não _____ ler o jornal?

VOCABULÁRIO

A política (*Politics*)

o governo	government
a constituição	constitution
o senador	senator
o deputado	(member of parliament / government / congressman)
o político	politician
o partido político	political party
a Direita	the Right (wing)
a Esquerda	the Left (wing)
moderado/a	moderate
o candidato	candidate
a democracia	democracy
as eleições	elections

a liberdade	freedom
a classe trabalhadora	working class(es)
o povo	the people
as Nações Unidas (a ONU)	United Nations (UN)
o estado	state
votar	to vote
eleger	to elect
governar	to rule, govern

ATIVIDADE
7·4

Translate the following sentences into Portuguese.

1. The congressmen lose the elections.

_____

2. The working class can vote.

_____

3. The politicians do not want to elect the candidate.

_____

4. I want democracy and freedom.

_____

5. We can rule the state.

_____

Regular -ir verbs: present tense • Personality

Conjugation of -ir verbs

The third and smallest group of regular verbs in Portuguese, referred to as "third-conjugation verbs," end in **-ir**. They follow the same rules and are used in the same way as the **-ar** verbs seen in Chapter 4 and the **-er** verbs seen in Chapter 5. Look at the pattern below for the present tense of **-ir** verbs.

ABRIR *TO OPEN*		ABR **-IR** > **ABR** + *ENDINGS*	
SINGULAR		PLURAL	
eu abr**o**	*I open*	nós abr**imos**	*we open*
tu abr**es**	*you open*	[vós abr**is**	*you open*]
ele/ela abr**e**	*he/she, it opens*	eles/elas abr**em**	*they open*
você,	*you open*	vocês,	*you open*
o senhor/		os senhores/	
a senhora abr**e**		as senhoras abr**em**	

Although there are fewer regular **-ir** verbs than **-ar** and **-er** verbs, some common, everyday ones include:

partir	*to leave, depart; to break, part*
dividir	*to divide*
assistir (a)	*to be present (at), attend, watch (TV), to see (film), assist*
permitir	*to allow, permit*
decidir	*to decide*
existir	*to exist*
resistir	*to resist*
garantir	*to guarantee*
unir	*to unite*

There are, however, many more irregular **-ir** verbs, which we shall see in the next two chapters.

Uses

◆ Refer back to Chapter 4 for when to use verbs in the present tense.

Examples

O banco abre às 8:30 horas.	*The bank opens at 8:30.*
Vocês partem amanhã?	*Do you leave tomorrow?*
Eu assisto ao jogo de basquetebol (BP basquete).	*I attend / I'm at the basketball game.*

Elas não permitem fumar na casa.	*They don't allow smoking in the house.*
Tu decides o nome?	*Do you decide the name?*
A democracia existe aqui.	*Democracy exists here.*
Eles não resistem.	*They do not resist.*
Você pode garantir a qualidade?	*Can you guarantee the quality?*
A liberdade nem sempre une o povo.	*Freedom does not always unite the people.*
Nós não dividimos o bolo.	*We don't divide (share) the cake.*

ATIVIDADE 8·1

Write the correct forms of the following verbs for each pronoun.

1. tu assistir _____

2. você permitir _____

3. eu abrir _____

4. eles decidir _____

5. ele dividir _____

6. vocês garantir _____

7. Márcia resistir _____

8. elas existir _____

9. nós unir _____

10. ela partir _____

ATIVIDADE 8·2

Make the following sentences plural. The first one has been done for you.

1. Eu parto para Paris.   *Nós partimos para Paris.*

2. Você permite fumar?   _____

3. Ele não abre a janela (*window*).   _____

4. Ela divide a pizza.   _____

5. O político assiste às eleições.   _____

6. O candidato garante ganhar (*to win*). _____

A personalidade (Personality)

MASCULINE	FEMININE	
simpático	simpática	nice, pleasant
alegre	alegre	cheerful
calmo	calma	calm
divertido	divertida	funny
honesto	honesta	honest
modesto	modesta	modest
otimista	otimista	optimistic
sensível	sensível	sensistive
sério	séria	serious
trabalhador	trabalhadora	hard-working
arrogante	arrogante	arrogant
ciumento	ciumenta	jealous
estúpido	estúpida	stupid
impaciente	impaciente	impatient
mau	má	bad / nasty
teimoso	teimosa	stubborn
pessimista	pessimista	pessimistic
preguiçoso	preguiçosa	lazy
travesso	travessa	mischievous
vaidoso	vaidosa	vain

ATIVIDADE
8·3

Translate the following sentences into English.

1. O professor simpático abre a porta.

   _____

2. Nós assistimos ao filme na televisão.

   _____

3. Vocês não permitem a entrada de pessoas (*people*) impacientes.

   _____

4. Tu sempre decides.

   _____

5. Eu garanto que (*that*) sou trabalhador.

   _____

6. Você parte quando?

   _____

7. Elas são vaidosas, mas (*but*) não resistem ao bolo.

_____

8. A vida (*Life*) no planeta Júpiter não existe.

_____

9. Os políticos honestos unem o povo.

_____

10. Sandra divide as pipocas (*popcorn*) entre (*between*) as meninas.

_____

ATIVIDADE
8·4

Translate the following sentences into Portuguese.

1. The doctor does not allow smoking.

_____

2. You (*pl.*) never resist.

_____

3. She divides the cake because she is nice.

_____

4. We don't decide (on) the film.

_____

5. Do they (*f.*) exist?

_____

6. I depart today.

_____

7. They (*m.*) unite the people in order to (**para**) resist.

_____

8. Do you (*sing., fam.*) guarantee the quality of the (**do**) work?

_____

9. Do you (*sing.*) watch TV every day?

_____

10. Marty opens the box (**a caixa**).

_____

Irregular -ir verbs: present tense • Accidents / incidents

Irregular -ir verbs

Some -**ir** verbs are irregular in only the first-person singular forms. Others are completely irregular in format.

Conjugation of -ir verbs: **pedir, ouvir, dormir, subir**

	PEDIR (TO ASK FOR, REQUEST)	OUVIR (TO HEAR, LISTEN [TO])	DORMIR (TO SLEEP)	SUBIR (TO GO UP)
eu	peço	ouço / oiço*	durmo	subo
tu	pedes	ouves	dormes	sobes
ele/ela, você, o senhor/ a senhora	pede	ouve	dorme	sobe
nós	pedimos	ouvimos	dormimos	subimos
[vós	pedis	ouvis	dormis	subis]
eles/elas, vocês, os senhores/ as senhoras	pedem	ouvem	dormem	sobem

*Both **ouço** and **oiço** are accepted forms for "I hear."

When to use the present tense

◆ to describe people carrying out these actions in the present tense
◆ in statements of fact about these actions
◆ as a means of conveying a near future
◆ put **não** before the verb to make the statement negative
◆ with rising intonation at the end of a statement to form a question

Uses

◆ **Pedir** means "to ask for something, to ask someone to do something"; to ask a *question*, use **perguntar**.
◆ **Pedir** can be used in everyday situations such as ordering food in a café or restaurant.
◆ **Ouvir** is used for talking about what kind of music you like listening to, to listen to what someone is saying with attention, and to hear a noise. The verb **escutar** also means "to listen (to)."
◆ **Subir** means "to physically go up"—such as to climb a hill—or to describe things such as prices going up.

Conjugation of -ir verbs: ir, vir, sair, cair

	IR *(TO GO)*	VIR *(TO COME)*	SAIR *(TO GO OUT)*	CAIR *(TO FALL)*
eu	vou	venho	saio	caio
tu	vais	vens	sais	cais
ele/ela, vocês, o senhor/a senhora	vai	vem	sai	cai
nós	vamos	vimos	saímos	caímos
[vós	ides	vindes	saís	caís]
eles/elas, vocês, os senhores/as senhoras	vão	vêm	saem	caem

Uses

- ◆ Note the identical formation pattern for **sair** and **cair**.
- ◆ Use **ir** for "I go" or "I'm going," etc. (For more practice on its use as part of a future tense, see Chapter 14.)
- ◆ **Vamos** can mean "we go / we're going" or "let's go."
- ◆ Portuguese often uses **ir** rather than **vir** when inviting people to go with you: *Do you want to **go** with me to the cinema* (rather than ***come** with me)?*
- ◆ **Sair** is followed by the word **de** (*from, of*) when you are leaving (i.e., going out from) a building or place. (For more on **de** and the words for *a / the*, see Chapters 16, 17, and 31.)
- ◆ To "fall off something" is **cair de** (*from*).

Examples

Eu peço uma tosta de queijo (BP um queijo quente) para o almoço.	*I ask for / order a toasted cheese sandwich for lunch.*
Ouves música clássica?	*Do you listen to classical music?*
Marcelo dorme por dez horas.	*Marcel sleeps for 10 hours.*
Vamos à praia hoje!	*Let's go to the beach today!*
Os preços sobem cada mês.	*The prices go up each month.*
As minhas amigas vêm passar o fim de semana.	*My friends are coming to spend the weekend.*
Você não sai para jantar?	*Do you not go out to dinner?*
Cuidado! Vocês vão cair.	*Watch out! You are going to fall.*
Não ouves?	*Can't you hear?*
Sally nunca dorme bem.	*Sally never sleeps well.*

ATIVIDADE
9·1

Write the correct forms of the verbs for each pronoun.

1. ele ouvir _____

2. eu ir _____

3. eles cair _____

4. vocês vir _____

5. ela ir _____

6. eu pedir _____

7. tu dormir _____

8. elas sair _____

9. você pedir _____

10. nós subir _____

Complete the sentences with the correct form of the verb in parentheses.

1. Nós (vir) _____ visitar os primos.

2. A Margarida não (pedir) _____ a ementa (BP o cardápio).

3. Eu (ir) _____ ver o meu irmão divertido.

4. Vocês (ouvir) _____ a música "rock"?

5. Tu não (sair) _____ aos sábados?

6. Os políticos modestos (ir) _____ ganhar.

7. O Presidente preguiçoso (dormir) _____ demasiado (*too much*).

8. Elas (subir) _____ a montanha.

9. A neve (cair) _____ no inverno (*winter*).

10. Os médicos simpáticos (sair) _____ do hospital.

VOCABULÁRIO

Acidentes e incidentes (*Accidents and incidents*)

há . . . ; houve . . .	there is / are . . . ; there has / have been . . .
um acidente	an accident
uma explosão	an explosion
um acidente rodoviário	a road accident
um incêndio	a fire
um desmoronamento	a landslide
Socorro! / Fogo! / Cuidado!	Help! / Fire! / Watch out!
os serviços de emergência	emergency services
grave	serious
ferido/a	injured
a testemunha	witness
ficar imobilizado(a) / preso(a)	to be trapped
atropelar	to run over
acontecer	to happen

perder, perder-se	to lose / get lost
partir / quebrar	to break
derrapar	to skid
explodir	to burst, explode

Choose an appropriate verb from the list below to complete each sentence. You will not use all of the verbs.

ouço	pedes	cai	pedimos	ouvem
vamos	pedem	venho	durmo	sobes
dorme	sais	sobe	vêm	caímos

1. Eu _____ a explosão.

2. Você _____ bem?

3. Nós não _____ da árvore (*tree*).

4. Tu _____ ferido do autocarro (BP ônibus) (*bus*).

5. Os serviços de emergência _____ rapidamente.

6. Vocês _____ música em casa?

7. O preço de gasolina não _____.

8. Eu e o meu marido _____ ser testemunhas.

9. As amigas _____ vinho.

10. Betty _____ e parte a perna (*leg*).

Translate the following sentences into Portuguese.

1. I sleep during (**durante**) the movie.

_____

2. Are you (*sing., fam.*) coming to the cinema?

_____

3. He goes to the hospital every day.

   _____

4. We hear an explosion and get out of the car.

   _____

5. Do you (*pl.*) go up in the elevator (**elevador / ascensor**)?

   _____

6. They order dessert.

   _____

-ir verbs with spelling changes • Transport

Spelling changes in -ir verbs

Some **-ir** verbs undergo a spelling change in the first-person singular (*I*) in the present tense. They are used in the same general circumstances as outlined in previous chapters. Look at the pattern changes below.

VERB	FIRST PERSON (*I*)	REST OF VERB . . .
divertir(-se)* (*to amuse [oneself]*)	divirto(-me)	divertes, diverte . . .
seguir (*to follow*)	sigo	segues, segue . . .
cobrir (*to cover*)	cubro	cobres, cobre . . .
corrigir (*to correct*)	corrijo	corriges, corrige . . .

*For more on reflexive verbs ("myself," "yourself," etc.), see Chapter 13.

Verbs conjugated like **divertir**

despir(-se) (*to undress*)   dispo, despes, despe . . .
mentir (*to lie*)   minto, mentes, mente . . .
preferir (*to prefer*)   prefiro, preferes, prefere . . .
repetir (*to repeat*)   repito, repetes, repete . . .
sentir(-se) (*to be sorry, to feel*)   sinto, sentes, sente . . .
servir (*to serve*)   sirvo, serves, serve . . .
vestir(-se) (*to dress, wear*)   visto, vestes, veste . . .

Verbs conjugated like **seguir**

conseguir (*to manage, succeed, achieve*)   consigo, consegues, consegue . . .
perseguir (*to persecute, chase, pursue*)   persigo, persegues, persegue . . .

Verbs conjugated like **cobrir**

descobrir (*to discover, find*)   descubro, descobres, descobre . . .
dormir (*to sleep*)   durmo, dormes, dorme . . .

Verbs conjugated like **corrigir**

dirigir (*to direct,* [BP *to drive*])   dirijo, diriges, dirige . . .
afligir (*to afflict, distress, worry*)   aflijo, afliges, aflige . . .
agir (*to act, behave*)   ajo, ages, age . . .
reagir (*to react, resist*)   reajo, reages, reage . . .
fingir (*to pretend, feign*)   finjo, finges, finge . . .

Examples

Eu sigo o caminho certo.	*I follow the correct way / path.*
A professora corrige os exercícios.	*The teacher corrects the exercises.*
Tu não te despes antes de dormir?	*Don't you get undressed before sleeping?*
O cão (BP cachorro) descobre o osso.	*The dog finds the bone.*
Nós conseguimos superar as dificuldades.	*We manage to overcome the difficulties.*
Eu prefiro chá, mas ela prefere café.	*I prefer tea but she prefers coffee.*
Eles servem o almoço a partir do meio-dia.	*They serve lunch from midday.*
Você não encobre as respostas?	*Don't you cover (up) the answers?*
Minto sobre o preço do telemóvel (BP celular).	*I lie about the price of the cell phone.*
Lucy finge dormir.	*Lucy's pretending to sleep.*

ATIVIDADE 10·1

Write the correct forms of the verbs for each pronoun.

1. eu conseguir _____

2. ele repetir _____

3. nós dormir _____

4. tu agir _____

5. eu vestir _____

6. elas dirigir _____

7. ela perseguir _____

8. vocês preferir _____

9. eu me divertir _____

10. você descobrir _____

ATIVIDADE 10·2

Complete the sentences with the correct form of the verbs in parentheses.

1. Eu (descobrir) _____ um incêndio.

2. Você (preferir) _____ carne ou peixe?

3. Vocês (reagir) _____ bem quando há um acidente.

4. Senhor Lopes não (conseguir) _____ usar a Internet.

5. Os estudantes (repetir) _____ as frases.

6. Eu não me (sentir) _____ muito bem.

7. A testemunha (mentir) _____ ao (*to the*) tribunal.

8. Tu não (despir) _____ o casaco?

9. Nós (fingir) _____ que não partimos a janela (*window*).

10. (*It*) (afligir) _____ -nos quando ficamos imobilizados.

ATIVIDADE
10·3

Answer these questions using the first-person singular form of the verb.
The first one has been done for you.

1. Divertes-te no cinema?   *Sim, divirto-me.*

2. Você dorme no autocarro
   (BP ônibus)?   Sim, _____.

3. O senhor corrige o trabalho?   Não, não _____.

4. Tu consegues apanhar o avião?   Sim, _____.

5. A senhora prefere viajar de comboio?   Sim, _____.

6. Você veste calças (*trousers*)?   Não, não _____.

7. Não se sente bem?   Não, não me _____.

8. Consegue dirigir (BP) o carro?   Sim, _____.

9. Cobres a moto quando chove?   Sim, _____.

10. Você serve sobremesas?   Não, não _____.

Translate the following sentences into Portuguese.

1. They (*f.*) follow the taxi by bus.

_____

2. Are you (*sing., fam.*) not taking off your coat?

_____

3. She acts like (**como**) a witness.

_____

4. We chase the thief (**o ladrão**) on foot.

_____

5. Do you (*pl.*) prefer to go to the cinema?

_____

6. I do not manage to send (**enviar**) the e-mail (**o email**).

_____

7. The motorbike follows the tram.

_____

8. You (*pl.*) do not discover the money (**o dinheiro**).

_____

9. Donald feels sad.

_____

10. Do you (*sing.*) lie?

_____

Ter (*to have*) and its uses • Animals

Ter

The verb **ter** (*to have*) is the common (though irregular) verb used to express possession, but it also has a number of other uses, including some idiomatic expressions.

SINGULAR		PLURAL	
eu tenho	*I have*	nós temos	*we have*
tu tens	*you have*	[vós tendes	*you have*]
ele/ela tem	*he/she, it has*	eles/elas têm	*they have*
você,	*you have*	vocês,	*you have*
o senhor/		os senhores/	
a senhora tem		as senhoras têm	

Uses

- Use **ter** for everyday, normal expression of possession: *I have a cat.*
- Use **não** in front of **ter** to say you don't have something.
- Use it as a question (with rising intonation at the end) to ask if someone else has something.
- It is *not* used to express having meals or drinks. For that use **tomar** (*to take*), **comer** (*to eat*), or **beber** (*to drink*).
- To express age, use **ter** + xx **anos** (*years*).
- To ask about problems, use **O que tem**? (*lit., What do you have?*)
- Use **ter der** or **ter que** followed by a verb in the infinitive (i.e., with no endings changed) to say "I have to" (do something).
- Brazilians in particular use **ter** to express "there is," for example, "There is a bank." In Portugal, **há** is used more often in those situations (see Chapter 12).
- **Ter** is also used as part of other tenses (not covered in this course) to express the past perfect, such as "he had visited," and the future perfect, such as "you will have gone."

Everyday expressions with ter

ter frio	*to be / feel cold (lit., to have cold)*
ter calor	*to be / feel hot*
ter sede	*to be thirsty*
ter fome	*to be hungry*
ter medo	*to be afraid*
ter pressa	*to be in a hurry*

ter sorte / azar	*to be lucky / unlucky*
ter sono	*to be tired / sleepy*
ter dor / dores de . . .	*to have a pain / pains in . . .*

Examples

Tenho dois irmãos.	*I have two brothers.*
Não temos leite.	*We don't have (any) milk.*
Tem o seu passaporte?	*Do you have your passport?*
Nancy tem oito (8) anos.	*Nancy is eight (years old).*
O que tens? Não estás bem?	*What's the problem? Are you not well?*
Eles têm que trabalhar muito.	*They have to work a lot.*
Onde tem um banco?	*Where is there a bank?*
Edward não tem frio.	*Edward is not cold.*
Vocês têm calor?	*Are you hot?*
As crianças têm fome.	*The children are hungry.*
Tenho sede; vou tomar um refrigerante.	*I'm thirsty; I'm going to have a soft drink.*
Temos medo de aranhas	*We are afraid of spiders.*
A advogada tem pressa.	*The lawyer is in a hurry.*
Que azar tens!	*What bad luck you have!*
O meu filho tem muito sono, coitado!	*My son is very tired, poor thing!*
Ela tem dores de cabeça.	*She has a headache / aching head.*

ATIVIDADE 11·1

Write the correct form of the verb **ter** *for each pronoun.*

1. eu   _____

2. você   _____

3. ele   _____

4. nós   _____

5. eles   _____

6. tu   _____

7. vocês   _____

8. eu e tu   _____

9. ela   _____

10. elas   _____

*Complete these sentences with the correct forms of **ter**.*

1. Quem (*Who*) _____ uma bicicleta?

2. Eu _____ sono; vou de táxi.

3. Eles _____ duas irmãs.

4. Tu _____ fome? Vamos almoçar.

5. Quantos anos (*How old / How many years*) _____ Bobby?

6. Nós _____ de apanhar o autocarro (BP ônibus).

7. Elas não _____ medo do cão.

8. Ela _____ pressa, mas _____ de comprar um bilhete.

9. Mil dólares? Que sorte vocês _____!

10. Vou a pé ao supermercado porque não _____ pão (*bread*).

*Decide on the most appropriate **ter** expression for each situation. Follow the example.*

EXEMPLO: I need to drink water.   *Tenho sede.*

1. He's having his 20th birthday.   _____ _____ _____.

2. We'd like to doze off.   _____ _____.

3. You (*fam.*) ought to put on a coat.   _____ _____.

4. You (*pl.*) seem to have some problems.   _____ _____ _____.

5. She has just lost $10,000.   _____ _____.

6. They won't go into the tunnel.   _____ _____.

7. I could really eat an ice cream.   _____ _____.

8. You (*sing., pol.*) are moving quickly.   _____ _____.

9. We haven't eaten breakfast.   _____ _____.

10. He's got an exam soon.   _____ _____ estudar.

VOCABULÁRIO

Os animais (*Animals*)

o animal de estimação / o animal doméstico	pet
o animal selvagem	wild animal
o animal da quinta (BP **da fazenda**)	farm animal
os répteis	reptiles
as aves / os pássaros	birds
os insetos	insects
os peixes	fish
o cão (BP **o cachorro**)	dog
o gato	cat
o coelho	rabbit
o porquinho-da-índia	guinea pig
a rã	frog
a lagarta	lizard
o porco	pig
a vaca	cow
o urso	bear
o leopardo / o jaguar (BP **a onça**)	leopard / jaguar
morder	to bite
picar	to sting
aranhar	to scratch

ATIVIDADE
11·4

Translate the following sentences into Portuguese.

1. We have a cat and a dog.

_____

2. I don't have (any) milk.

_____

3. Be careful! (**Cuidado!**) The bear is hungry.

_____

4. You (*sing., fam.*) have to work.

_____

5. John has $1,000; he's lucky.

_____

6. The rabbit is frightened and is going to bite.

_____

7. Sandra has a sore throat (**garganta**).

_____

8. The cow is 10 years old.

_____

9. They are in a hurry.

_____

10. Do you (*pl.*) have a pet?

_____

Idiomatic expressions with **ter:**

Tem razão.	*You're right.*
Ter saudades (de . . .)	*To miss, feel nostalgia (for . . .)*
Ela tem boa fama.	*She's spoken well of.*
Ter pena de . . .	*To feel sorry for . . .*
Ter vontade de . . .	*To wish, want to . . .*
O que tem a ver com . . . ?	*What has it got to do with . . . ?*
Não tem nada a ver com . . .	*It's got nothing to do with . . .*
Não tem de quê.	*Don't mention it.*
Ir ter com . . .	*To go to meet with . . .*
Ter cuidado	*To be careful*

Haver (to *have, to be*) and its uses • The classroom

•12•

Haver

The verb **haver** (*to have, to be*) is used in the third-person singular form only, to express the idea that something exists ("there is . . ."). This "impersonal" form is **há**. It's very useful across a wide variety of situations

     Há translates both the singular and plural form in English, so it means "there is" or "there are." It has a different form according to the tense (present, future, past, etc.) it is used in. In this chapter, we shall confine our examples principally to the present tense.

Uses of há

- It expresses the everyday notion of "there is" or "there are."
- As a question, it is used to ask "Is there?" or "Are there?"
- With **não**, it expresses "there is / are not . . ."
- It is often an impersonal substitute for forms of the verb **ter** (Chapter 11). NOTE: Brazilians tend to use **ter** far more than **haver**, including for expressing "there is."
- It is used to convey the transmission of a movie, play, music, and such on TV, radio, or at a theater: *There's a new movie on tonight.*
- **Há** is used to express the fact of temporary being, more usually associated with the verb **estar**: *There are many people here.*
- It is also used to express existence: *There are few examples of this theory.*
- It is used in weather expressions.
- It is used to enquire about a problem, or what's going on.
- The simple past tense, **houve**, expresses *there has / have been, there was / were.*

Examples

Há uma escola na esquina.	*There is a school on the corner.*
Há uma mesa livre?	*Is there a table free?*
Não há bilhetes para hoje.	*There aren't (any) tickets for today.*
Há leite em casa. (Temos leite . . .)	*There's milk at home. (We have milk . . .)*
Tem um bom restaurante aqui (BP). (EP Há um bom . . .)	*There's a good restaurant here.*
Há um novo filme esta semana.	*There's a new movie this week.*
Não quero sair: há muitas pessoas na rua.	*I don't want to go out: there are many people in the street.*

Há um novo App sobre a arte moderna.	There's a new App about modern art.
Hoje há muita chuva no norte.	Today there's a lot of rain in the north.
Estás com medo. O que há?	You're frightened. What is it?
Socorro! Houve um acidente no rio.	Help! There's been an accident on the river.

ATIVIDADE
12·1

Translate the following sentences into English.

1. Há um banco no centro da cidade.

_____

2. Quantos (*How many*) comboios (BP trens) há por hora?

_____

3. Não há piscina (*swimming pool*) no hotel.

_____

4. Há peixe no frigorífico (BP na geladeira).

_____

5. Vamos a Carnegie Hall? Há um concerto de música jazz.

_____

6. Há muito trânsito hoje.

_____

7. Não há muitos estudos sobre (*about*) coelhos.

_____

8. Há muito calor: vamos à praia?

_____

9. Há muito barulho (*noise*)—o que há?

_____

10. Houve um acidente—há pessoas feridas (*injured*).

_____

ATIVIDADE
12·2

Há or tem? Decide which fits best. For this activity, assume European Portuguese.

1. Ana _____ dois gatos.

2. _____ um museu no centro?

3. _____ muitos pássaros aqui.

4. Ela _____ uma casa enorme.

5. Não _____ répteis na Antártica.

6. _____ fome?

7. Pedro não _____ um animal de estimação.

8. _____ quantos carros na rua?

9. John não _____ um cão (BP cachorro) porque ele _____ medo.

10. Hoje não _____ muitas pessoas no centro.

A sala de aula (*The classroom*)

o quadro	board (white / black)	a mala / a mochila	school bag / backpack
a carteira / a mesa	desk / table	a pasta	briefcase / file
o computador	computer	o caderno	notebook
a prateleira	bookshelf	a caneta / o lápis / a régua	pen / pencil / ruler
a cadeira	chair	estudar	to study
o cesto de lixo	waste / trash basket	aprender	to learn
o aluno/a aluna	pupil	ensinar	to teach
o/a estudante	student	perguntar	to question
a turma	group	responder	to answer

ATIVIDADE
12·3

Match the questions to the most appropriate answers.

1. Há quantos alunos na turma? _____   a. Sim, há muitos.

2. Há frio hoje no norte? _____   b. Sim, há um no domingo.

3. Há computadores? _____   c. Sim, há.

4. Há um concerto de música? _____   d. Não, temos de comprar mais.

5. Quantas mesas há na sala? _____   e. Há 25.

6. O que há? _____   f. Sim, há, e está a chover.

7. Há um quadro? _____   g. Sim, há um na Rua da República.

8. Não há pão? _____   h. Há uma—a da professora.

9. Há uma caneta na carteira? _____   i. Houve um acidente.

10. Há um museu aqui? _____   j. Não, só (*only*) há um lápis.

Haver de + *infinitive*

eu	hei de	nós	havemos de
tu	hás de	[vós	haveis de]
ele/ela	há de	eles/elas	hão de
você, o senhor/ a senhora	há de	vocês, os senhores/ as senhoras	hão de

This form of **haver**, followed by **de** and a verb in the infinitive form, conveys a strong intention of something happening in the future. We might use our tone of voice, or add emphasis by using words, such as *really*, to express the same idea:

Qualquer dia hei de ser rico.   *One day I'm bound to be / I really shall be rich.*
Ela há de comprar aquela casa.   *She'll have to buy / She will buy that house.*
Havemos de ganhar na loteria.   *We just have to win / We simply shall win the lottery.*

It's not the easiest use of **haver** to understand, but be on the look-out for examples of it being used by native speakers.

ATIVIDADE 12·4

Translate the following sentences into Portuguese.

1. One day we shall visit Brazil.

   _____

2. Is there a restaurant here?

   _____

3. There's no one (**ninguém**) in the school.

   _____

4. What's the matter? Has there been an accident?

   _____

5. He has just got to be a lawyer one day.

   _____

6. There aren't (any) chairs.

   _____

7. The teacher is bound to teach the students well (**bem**).

   _____

8. How many backpacks are there?

   _____

9. I'll really be president.

   _____

10. There isn't a plane to New York today.

   _____

Reflexive verbs • Daily routine

13

Reflexive verbs

Verbs termed "reflexive" are those where the person carrying out the action of the verb does so on themselves, such as in washing oneself. The equivalent of the English -self / -selves is expressed by a reflexive pronoun (**se**), which is tagged on to the end of the verb. Many verbs of everyday routine are reflexive in Portuguese. Look at the reflexive verb **levantar-se** (*to get up*) below to see how the reflexive pronoun changes for each person.

Conjugation of **levantar-se** (*to get [oneself] up*)

SINGULAR		PLURAL	
eu	levanto-me	nós	levantamo-nos*
tu	levantas-te	[vós	levantais-vos]
ele/ela	levanta-se	eles/elas	levantam-se
você,	levanta-se	vocês,	levantam-se
o senhor/		os senhores/	
a senhora		as senhoras	

*Note the **s** has been dropped from **levantamos** when the **-nos** follows it.

Uses

- Everyday routine actions are reflexive in Portuguese: you get yourself up, wash yourself, dress yourself, put yourself to bed, etc.
- Many verbs are reflexive in Portuguese where they are not in English. For example, *to remember* is **lembrar-se** (**de . . .**).
- Many reflexive verbs become regular verbs again without the reflexive pronoun: **levantar** is *to lift up, raise something.*
- Many regular verbs can be made reflexive, for example, **cortar** (*to cut*) and **cortar-se** (*to cut oneself*).
- The verbs themselves are formed according to the normal rules of conjugation (changing the verb endings), with the slight alteration to the **nós** form (see the footnote above).
- When used with a negative (**não**, **nunca**, etc.), the reflexive pronoun moves in front of the verb: **não me levanto.**
- When used with question words (**quando**, **como**, etc.), the pronoun moves in front of the verb: **Quando te levantas?**
- Brazilians tend to put the pronoun in front of the verb in all situations: **Eu me chamo** (EP **chamo-me**) **José.**
- We will look in more detail about what makes pronouns change position in Chapter 45.

Typical reflexive verbs

sentar-se	*to sit down*
chamar-se	*to be called*
encontrar-se (com)	*to meet, meet up with*
cortar-se	*to cut oneself*
lembrar-se (de)	*to remember*
esquecer-se (de)	*to forget*
sentir-se*	*to feel*
ir-se (embora)	*to go off / away*
divertir-se*	*to enjoy oneself*
enganar-se	*to make a mistake / be mistaken*

For verbs of everyday routine, see **Vocabulário**.

---

*Review Chapter 10 for spelling changes in the first person.

Examples

Levanto-me às 7 horas.	*I get up at 7 o'clock.*
Lembras-te da infância?	*Do you remember your childhood?*
Manuel lava-se e também lava o carro.	*Manuel washes himself and also washes the car.*
Esta viagem sempre cansa muito; você não se cansa de tanto viajar?	*This journey always tires a lot (i.e., makes you tired); do you get tired from travelling so much?*
Sentamo-nos no sofá.	*We sit down on the sofa.*
Nunca se lembram do meu nome.	*They never remember my name.*
A que horas nos encontramos?	*What time shall we / do we meet?*
Vocês se enganaram; eu me chamo Polly.	*You made a mistake, I'm called Polly.*

ATIVIDADE

13·1

Complete the sentences with the correct forms of the verbs and pronouns in parentheses.

1. Eu (sentir-se) _____ mal.

2. Tu (levantar-se) _____ cedo?

3. Ele (cortar-se) _____ com a faca (*knife*).

4. Você (divertir-se) _____ ao cinema?

5. Nós (esquecer-se) _____ do leite.

6. Os alunos (enganar-se) _____ com a resposta.

7. Elas (ir-se) _____ embora amanhã.

8. Vocês (sentar-se) _____ à mesa.

9. Ela (chamar-se) _____ Edite.

10. Eu e a minha irmã (encontrar-se) _____ na pastelaria (*café / cake shop*).

Decide where the reflexive pronoun should go and insert the correct one. Unless indicated (BP), assume normal (EP) Portuguese positions. The first one has been done for you as an example.

1. Eu _____ levanto-*me* cedo.

2. _____ sentes _____ bem?

3. (BP) Ela _____ chama _____ Marta.

4. A que horas _____ encontramos _____?

5. Nunca _____ lembram _____ do caderno.

6. José _____ esquece _____ da pasta.

7. Os estudantes _____ divertem _____ com o computador.

8. (BP) Eu _____ sento _____ para estudar.

9. Quando é que _____ vais _____ embora?

10. Ela _____ engana _____ e responde mal.

VOCABULÁRIO

A rotina diária (*Daily routine*)

antes (de + *infinitive*)	before (doing . . .)	**lavar-se**	to get washed
depois (de + *infinitive*)	after (doing . . .)	**banhar-se**	to have a bath / shower
sempre	always		
normalmente	normally, usually	**duchar-se**	to shower
de manhã	in the morning(s)	**peinar-se (BP pentear-se)**	to brush / comb one's hair
de tarde	in the afternoon(s) / early evening	**vestir-se**	to get dressed
de noite	at night	**deitar-se**	to go to bed / lie down
todos os dias	every day		
cada dia	each day	**sair da casa**	to leave the house
tarde / cedo	late / early	**voltar para casa**	to return home
acordar-se	to wake up	**ficar em casa**	to stay at home

Complete the sentences in this account of what Teresa does during a typical day. Choose verbs from the list below and change the endings to the first person as necessary.

sair	sentar-se	levantar-se	sentir-se	deitar-se
vestir-se	acordar-se	duchar-se	encontrar-se	voltar

Cada dia _____ cedo, às 6:30 de manhã e _____ às 7:00. _____ e, antes

de tomar o pequeno-almoço (BP café da manhã), _____ com a roupa de trabalho.

Depois de comer, _____ da casa, normalmente às 8:15, eu apanho (BP pego) o autocarro

(BP ônibus) para o trabalho. _____ à mesa com o computador e trabalho na Internet.

Na hora do almoço, _____ com uma amiga e vamos a uma pastelaria. _____

para casa de tarde e _____ um pouco cansada. Depois de assistir à televisão e jantar,

não _____ tarde, porque tenho de me levantar cedo no dia seguinte (*the following day*).

ATIVIDADE 13·4

Translate the following sentences into Portuguese.

1. I don't get up early.

   _____

2. We meet every day in the classroom.

   _____

3. He usually stays at home and goes to bed late.

   _____

4. You (*sing., fam.*) enjoy yourself at the theater.

   _____

5. They never get washed in the morning.

   _____

6. Are you (*pl.*) going away tomorrow?

   _____

7. Before leaving the house, we get dressed!

   _____

8. They (*f.*) don't remember to buy the bread.

   _____

9. At what time do you (*sing.*) wake up?

   _____

10. She brushes her hair after breakfast.

    _____

Ir (to go) + infinitive to express the future • Days and months

14

Ir and expressing future actions

The verb **ir** (*to go*) can be used in the present tense, followed by a verb in the infinitive form to convey a future action. This is the same as the English structure "going to do something."

Conjugation of ir present tense

SINGULAR		PLURAL	
eu	vou	nós	vamos
tu	vais	[vós	ides]
ele/ela	vai	eles/elas	vão
você, o senhor/ a senhora	vai	vocês, os senhores/ as senhoras	vão

This construction is the easiest way to express the future in Portuguese. You can also simply use the present tense. There is a full future tense that you will learn about as you progress in your studies.

Uses

- This construction is used to expresses a future action, without using the future tense proper.
- It conveys the English notion "going to (do something)."
- Use with **não** to make a statement negative.
- Use with a questioning tone to ask the question "Are you going . . . ?"
- It is used with a range of time references—hours, days, months, and associated expressions, such as "tomorrow," "next week," "in a few days," etc.
- In question form, **Vamos . . . ?** can mean "Are we going to . . . ?" or "Shall we . . . ?" depending on context and tone of voice.

Examples

Amanhã vou jogar futebol.	*Tomorrow I'm going to play soccer.*
Adriano vai comprar um novo telemóvel (BP celular).	*Adrian is going to buy a new cell phone.*
Ela não vai à festa.	*She is not going to the party.*
Vais convidar Sofia?	*Are you going to invite Sofia?*
Vocês vão telefonar ao hotel?	*Are you going to phone the hotel?*
Sim, telefonamos amanhã de manhã.	*Yes, we (shall) phone tomorrow morning.*

Mais tarde os alunos vão participar de um debate.	Later on, the students are going to take part in a debate.
Vamos visitar o Pão de Açúcar?	Are we going to visit Sugar Loaf Mountain?*
Vamos ao centro comercial (BP ao shopping)?	Shall we go to the shopping mall?

_____

*Sugar Loaf Mountain is in Rio de Janeiro, Brazil.

ATIVIDADE 14·1

*Write the correct form of **ir** for each pronoun.*

1. ele _____

2. nós _____

3. tu _____

4. eles _____

5. eu _____

6. Ana _____

7. você _____

8. ela _____

9. elas _____

10. vocês _____

ATIVIDADE 14·2

Choose the most appropriate words from the list below to complete the sentences. Don't forget to change any reflexive pronouns to match who is carrying out the action.

vais	vou	vai	vamos	antes
futebol	vamos	vai	vão	voltar
levantar-se	sair	ficar	comprar	comer

1. Amanhã eu _____ _____ às 7 horas.

2. _____ de visitar o museu, _____ tomar um café?

3. Tu _____ _____ em casa hoje?

4. Depois da escola, Jane _____ _____ um presente.

5. Nós _____ _____ para casa depois do trabalho.

6. Vocês _____ jogar _____?

7. João não _____ _____ da casa.

8. Mais tarde, elas vão _____ uma sopa.

Os dias e os meses (Days and months)

a segunda-feira / *abbrev.* **segunda** / **2ª**	Monday
a terça-feira / *abbrev.* **terça** / **3ª**	Tuesday
a quarta-feira / *abbrev.* **quarta** / **4ª**	Wednesday
a quinta-feira / *abbrev.* **quinta** / **5ª**	Thursday
a sexta-feira / *abbrev.* **sexta** / **6ª**	Friday
o sábado / *abbrev.* **sáb.**	Saturday
o domingo / *abbrev.* **dom.**	Sunday
janeiro*	January
fevereiro	February
março	March
abril	April
maio	May
junho	June
julho	July
agosto	August
setembro	September
outubro	October
novembro	November
dezembro	December
em (maio, etc.)	in (May, etc.)
na (segunda – sexta)	on (Monday–Friday)
no sábado / domingo	on Saturday/Sunday

*Days and months are written with all lowercase letters.

ATIVIDADE 14·3

(A) Look at Anita's agenda for the coming week and say what she is going to do on each day. Follow the example.

Mon. – Visit Mary

Tues. – Buy computer

Wed. – Phone sister

Thurs.

Fri. – Study

Sat. – Get up early

Sun. – Watch a film

EXEMPLO: *Na segunda-feira, Anita vai visitar Mary.*

1. Na _____.

2. Na _____.

3. Na _____.

4. No _____.

5. No _____.

(B) Now look at Oliver's plans for the coming year and say what he's going to do, from his point of view. Follow the example.

Jan. – Buy new car	July
Feb.	Aug.
Mar. – Travel to Portugal	Sept. – Learn Portuguese in Rio
Apr. – Paint the house	Oct.
May.	Nov.
June – Visit France	Dec. – Stay at home

EXEMPLO: *Em janeiro vou comprar um carro novo.*

1. Em _____.

2. Em _____.

3. Em _____.

4. Em _____.

5. Em _____.

ATIVIDADE

14·4

Translate the following sentences into Portuguese.

1. On Sunday I'm going to visit my brother.

   _____

2. In July we're going to have a party.

   _____

3. Are you (*sing., fam.*) going to study music?

   _____

4. John is not going to buy the house.

   _____

5. What are you (*pl.*) going to do on Friday?

   _____

6. We're going to see a film.

   _____

7. They are not going to return in September.

_____

8. Sally is going to write to her grandmother today.

_____

9. Shall we go to the theater?

_____

10. I'm going to celebrate in February.

_____

Saber vs. conhecer • The city center

Saber vs. conhecer

Both of these verbs mean "to know": **saber** means "to know a fact, information, how to do something"; **conhecer** means "to know a person or place, to be acquainted with or get to know someone."

Conjugation of **saber** and **conhecer**

	SABER		CONHECER
eu	sei	eu	conheço
tu	sabes	tu	conheces
ele/ela	sabe	ele/ela	conhece
você, o senhor/ a senhora	sabe	você, o senhor/ a senhora	conhece
nós	sabemos	nós	conhecemos
[vós	sabeis]	[vós	conheceis]
eles/elas	sabem	eles/elas	conhecem
vocês, os senhores/ as senhoras	sabem	vocês, os senhores/ as senhoras	conhecem

When to use **saber**

- to know a fact (know the answer to a question)
- to know information (where someone lives)
- to know how to do something (how to swim)
- to express if you don't know how to do something (I can't swim), rather than something is preventing you (use **poder** [*to be able to*] in those situations)
- in conversation, when you come up with an idea or suggestion: **Eu sei!** (*I know!*)
- in conversation, to keep someone's attention, as we do in English: **...sabe, ...** (*... you know ...*)
- in conversation: **Sabes uma coisa?** (*You know what?*)
- with a negative, to say you don't know, and as a question, to ask Do you know?
- in the simple past tense, it expresses finding out about something (see examples)
- with the expression **Quem sabe?** to mean "Who knows?"
- **saber de cor** means "to know by heart"

When to use **conhecer**

- ◆ to be acquainted with / to know a person
- ◆ to be acquainted with / to know a place
- ◆ to meet someone for the first time / to become acquainted with
- ◆ **conhecer de nome** means "to know by name"
- ◆ **conhecer de vista** means "to know by sight"

Examples

Ela sabe a resposta.	*She knows the answer.*
Sabes onde mora Daniel?	*Do you know where Daniel lives?*
Ele não sabe nadar.	*He doesn't know how to swim.*
O que vamos fazer? Eu sei! Vamos ao jogo.	*What are we going to do? I know! Let's go to the game.*
Hoje chove muito, sabe, e não quero sair.	*Today it's really rainy, you know, and I don't want to go out.*
Sabes (BP Sabe de) uma coisa, José? Gosto muito de ti.	*You know what, José? I really like you.*
Elas não sabem o que fazer.	*They don't know what to do.*
O senhor sabe onde fica (BP tem) uma padaria?	*Do you (sir) know where there's a bakery?*
Olivia soube da festa no dia seguinte.	*Olivia found out / heard about the party on the following day.*
Quando vamos partir? Quem sabe? Talvez amanhã.	*When are we going to leave? Who knows? Perhaps tomorrow.*
Michelle sabe de cor todas as regras.	*Michelle knows all the rules by heart.*
Conheces meu irmão?	*Do you know my brother?*
Ainda não conheço Londres.	*I don't know / am not familiar with London yet.*
Em agosto vamos conhecer a nova professora.	*In August we're going to meet the new teacher.*
Ela conhece-me de nome, mas não de vista.	*She knows me by name, but not by sight.*

ATIVIDADE
15·1

*Write the correct form of the verb **saber** or **conhecer** for each pronoun.*

1. eu (saber) _____

2. eles (saber) _____

3. ela (conhecer) _____

4. você (saber) _____

5. elas (conhecer) _____

6. tu (conhecer) _____

7. ele (saber) _____

8. nós (conhecer) _____

9. eu (conhecer) _____

10. vocês (saber) _____

ATIVIDADE
15·2

Saber or *conhecer*? Choose the correct form of *saber* or *conhecer* in each sentence.

1. Que dia é hoje? Eu (sei / conheço): é terça-feira.

2. Ela não (conhece / sabe) o senhor.

3. Vou (conhecer / saber) de vista o novo Presidente.

4. Não (sabem / conhecem) onde mora Susana.

5. (Conheces / Sabes) uma coisa? Amanhã é domingo!

6. Só (conhecemos / sabemos) o teu primo de nome.

7. Não (sabe / conhece) cozinhar (*to cook*)? Vai aprender na quinta-feira.

8. Você (conhece / sabe) bem a cidade de Bragança?

9. Em março vamos (saber / conhecer) mais sobre a visita.

10. Onde há um banco? Não (conheço / sei).

VOCABULÁRIO

O centro da cidade (*The city center*)

a rua / a estrada	street / road, highway
a praça	square / plaza
a avenida	avenue
o quarteirão / o bairro, a zona	block / district
o edifício / o prédio	building
a câmara municipal (BP **a prefeitura**)	town / city hall
a biblioteca	library
o hospital	hospital
o cinema	cinema
a igreja / o templo	church / temple
o castelo	castle
a mesquita / a sinagoga	mosque / synagogue
o talho (BP **o açougue**)	butcher shop
o mercado	market
o supermercado	supermarket
a livraria	bookstore
a sapataria	shoe store

a charcutaria	deli
a boutique / a loja de roupas	fashion store
a farmácia	pharmacy, drugstore

ATIVIDADE 15·3

*Complete the sentences with the correct forms of **saber** or **conhecer**.*

1. Eu não _____ bem este bairro.

2. Tu _____ desenhar?

3. Você _____ onde tem uma farmácia?

4. Tommy não _____ de nome a advogada.

5. Nós não _____ o médico neste (*in this*) hospital.

6. Vocês _____ falar chinês?

7. Ela _____ todos os preços na sapataria.

8. Eu _____ você, mas não _____ o seu nome.

9. Eles vão visitar a biblioteca e _____ mais sobre os livros.

10. Queremos _____ Ouro Preto durante a visita ao Brasil.

ATIVIDADE 15·4

Translate the following sentences into Portuguese.

1. I know how to play the piano.

_____

2. Do you (*sing.*) know my grandfather?

_____

3. She knows the number.

_____

4. I know! Let's go to the castle.

_____

5. We don't know this district very well.

_____

6. You (*pl.*) know what? The cinema closes on Fridays.

_____

7. John knows the names of all the students by heart.

_____

8. You (*sing., fam.*) don't know how to swim.

_____

9. They are going to try out (i.e., get to know) the new restaurant.

_____

10. My brother knows the truth.

_____

Definite article: *the* • The restaurant

The

In English there is only one word for the definite article "the," whether it is relating to a singular or plural noun (see Chapter 18). In Portuguese, however, there are four possibilities, depending on the number (whether a word is singular or plural) and gender (whether a word is masculine or feminine) of the noun.

	SINGULAR	PLURAL
with masculine nouns	o	os
with feminine nouns	a	as

As you learn a new noun, learn the corresponding word for *the* (the definite article) with it.

Uses

- Use **o** with a masculine noun in the singular: *the boy* (**o menino**).
- Use **os** with a plural masculine noun: *the books* (**os livros**).
- Use **a** with a feminine noun in the singular: *the lady* (**a senhora**).
- Use **as** with a plural feminine noun: *the houses* (**as casas**).
- Most nouns end with an **-o** (*m.*) or an **-a** (*f.*), so you match the words for *the* to the nouns. You will learn more about nouns with non-regular endings in Chapter 18.
- Use **o/a** with people's first names, particularly in Portugal, and also in **o senhor/a senhora** (as previously seen in Chapter 1); however, don't use it with names when you are directly calling a person or telling them to do something.
- The names of many countries also take the definite article before them; Portugal is one of very few which does not. Learn them as you come across them.
- Some names of cities also use the definite article, particularly if the name is, in itself, a noun: **o Rio de Janeiro** (**rio** means "river").
- Use the definite article with days of the week.
- Use it with seasons and festive dates, such as Christmas.
- On the whole, articles in Portuguese are used more than in English.
- The definite articles are not generally used with calendar dates or months.

Examples

Meg pede a sopa e o frango.	*Meg asks for (orders) the soup and the chicken.*
Sonny pede a carne e os legumes.	*Sonny orders the meat and the vegetables.*
O Manuel trabalha com a nova tecnologia.	*Manuel works with (the) new technology.*
A senhora Pereira não vive cá (BP aqui).	*Mrs. Pereira doesn't live here.*
Olá Maria! Pedro, feche a porta! Tchau Miguel!	*Hello Maria! Pedro, close the door! Bye Miguel!*
O Brasil é um país enorme, os Estados Unidos também, mas Portugal é pequeno.	*Brazil is a huge country, the United States too, but Portugal is small.*
O Rio é uma cidade bonita, o Porto é histórico, Madrid é movimentada.	*Rio is a beautiful city, Oporto is historical, Madrid is busy.*
O sábado é o melhor dia da semana.	*Saturday is the best day of the week.*
O inverno é ideal para visitar a Madeira.	*Winter is ideal for visiting Madeira.*
Vamos passar a Páscoa na Austrália.	*We're going to spend Easter in Australia.*
As crianças gostam de chocolate.	*Children like chocolate.*
A (BP Em) 27 de outubro estreia uma nova telenovela no canal 21.	*On the 27th of October, / On October 27th, there's a new soap opera starting on channel 21.*
Hoje é dia 1 de abril.	*Today is the first of April. / Today is April 1st.*
O 25 de abril é uma data importante na história de Portugal.	*The 25th of April / April 25th is an important date in Portugal's history.*
Vou visitar o meu irmão no verão, em julho.	*I'm going to visit my brother in (the) summer, in July.*

ATIVIDADE 16·1

*Write the correct form of **o, a, os,** or **as** for the nouns given. You have studied all these words in preceding chapters.*

1. _____ filho
2. _____ gatos
3. _____ camionetas
4. _____ sopas

5. _____ mochila
6. _____ almoço
7. _____ carros
8. _____ irmã

9. _____ casas
10. _____ professora
11. _____ museus
12. _____ vento

ATIVIDADE 16·2

Choose an appropriate word from the list below to complete each sentence.

a rua	o peixe	os templos	a Itália
a biblioteca	o castelo	os alunos	as frutas
a senhora	a porta		

1. Vamos visitar _____ em Lisboa.

2. Maria, está frio; por favor feche _____!

3. _____ onde moro chama-se "Heritage Street."

4. Eles não querem comer _____.

5. Ela gosta de fazer compras ao mercado; _____ são boas.

6. Como se chama _____?

7. Tom lê muitos livros, visita _____ todos os dias.

8. O meu país favorito é _____.

9. _____ romanos são muito interessantes.

10. _____ estão na sala de aula.

| VOCABULÁRIO |

O restaurante (*The restaurant*)*

a pastelaria	cake shop / café
o café (BP a lanchonete)	café (also means "coffee") / snack-bar
o bar	bar
a pizzaria	pizza parlor
a tasca (EP) (BP o barzinho)	tavern / cheap eating place
a comida rápida	fast food
a comida para levar	take-away food
a comida vegetariana	vegetarian food
Há / Tem uma mesa para . . . ?	Is there / Do you have a table for . . . ?
Temos uma mesa reservada.	We have a table booked.
A ementa (BP o cardápio), se faz favor (BP por favor).	The menu, please.
para começar	for starters
depois	then / next
para sobremesa	for dessert
O que tem (de sobremesa)?	What is there (for dessert)?
para mim . . .	for me . . .
a conta	the bill
bem-passado(a) / ao ponto / mal-passado(a)	well-done / medium / rare
o prato do dia	dish of the day
(o) serviço (não) incluído	service (not) included
para beber	to drink

*Review Chapter 5, as well.

ATIVIDADE 16·3

Complete the following dialogue with the appropriate form of the definite article.

Tony e Sandra vão para _____ restaurante português na praça.

TONY   Boa noite. Tem uma mesa para dois por favor?

EMPREGADO (*WAITER*)   Sim, com certeza. Está bem aqui?

TONY	Obrigado. Pode trazer _____ ementa por favor?
SANDRA	Qual é _____ prato do dia?
EMPREGADO	_____ pratos do dia são bacalhau (*salted cod*) e feijoada (*black bean stew*).
SANDRA	Para mim, _____ feijoada.
TONY	E para mim, _____ lombo assado (*roast pork loin*).
EMPREGADO	E para beber?
SANDRA	Uma garrafa d_____ vinho tinto d_____ casa.

Um pouco mais tarde . . . (A little while later . . .)

EMPREGADO	Então _____ senhores vão querer sobremesas?
TONY	Não obrigado. Dois cafés e _____ conta se faz favor.
SANDRA	_____ serviço está incluído?
EMPREGADO	Não, senhora, não está.
SANDRA	Então, pode ficar com _____ troco (*change*).
EMPREGADO	Obrigado. Espero que tenham gostado d_____ comida (*I hope you have enjoyed the food*).
TONY	Sim, sim; _____ jantar foi (*was*) excelente!

ATIVIDADE

16·4

Translate the following sentences into Portuguese.

1. The cake shop is in the square; I'm going to eat the cakes.

   _____

2. She is going to visit the USA in January.

   _____

3. For me, the dish of the day please.

   _____

4. On March (the) 10th, he leaves for Portugal.

   _____

5. We want the meat medium.

   _____

6. My favorite day is Wednesday.

   _____

7. The vegetarian food here is excellent.

   _____

8. The students buy the books.

   _____

9. The snack bars in Brazil sell fast food.

   _____

10. Frankie, are you going to paint the house?

    _____

Indefinite articles:
a / an / some • The hotel

Indefinite articles *a / an / some*

In the same way that the definite article has four different variations in Portuguese, so too do *a / an* and *some*, which vary according to the number (singular or plural) and gender (masculine or feminine) of the noun. These are known as the *indefinite articles*.

	SINGULAR (*A / AN*)	PLURAL (*SOME*)
with masculine nouns	um	uns
with feminine nouns	uma	umas

Uses

- Use **um** with a masculine noun in the singular: *a book* (**um livro**).
- Use **uns** with a plural masculine noun: *some cakes* (**uns bolos**).
- Use **uma** with a feminine noun in the singular: *a table* (**uma mesa**).
- Use **umas** with a plural feminine noun: *some schools* (**umas escolas**).
- **Um** and **uma** are also the words for the number *1* (see Chapter 29).
- The plurals **uns** and **umas** are often replaced by the words **alguns** and **algumas**, which also mean "some" (see Chapter 46).
- Although often used in English, the indefinite article is generally not used in Portuguese in the following situations:
  - after negative expressions
  - after **ser** (*to be*) with professions, ranks, nationality, or origin
  - with **cem** (*a hundred*), **mil** (*a thousand*), **meio/a** (*half [a]*), **que** (*what [a]*)
  - with **outro** (*[an]other*).

You will learn the more sophisticated omissions of the indefinite article at a more advanced level of study.

Examples

Tenho um livro e um lápis.	*I have a book and a pencil.*
Uns dias não quero trabalhar.	*Some days I don't want to work.*
Queríamos uma mesa para três por favor.	*We'd like a table for three please.*
Ela vai passar umas horas no parque.	*She's going to spend some hours in the park.*
Pode dar-me um bolo e uma tosta (BP um queijo quente) se faz favor?	*Can you give me one / a cake and one / a toastie please?*

Alguns alunos nunca trazem o trabalho.	*Some students never bring the (their) work.*
Sabe que algumas pessoas não gostam de fazer download?	*Do you know that some people don't like doing downloads?*
A casa não tem porta.	*The house doesn't have a door.*
Ele é empregado de mesa (BP garçom).	*He is a waiter.*
Senhor Bastos é coronel.	*Mr. Bastos is a colonel.*
Ela é carioca.	*She's a **Carioca** (native of Rio).*
Tenho cem canetas, mil selos e meia boneca antiga: Que coleção!	*I have a hundred pens, a thousand stamps, and half an old doll: What a collection!*
Eu não gosto desta saia; quero outra.	*I don't like this skirt; I want another one (i.e., a different one).*

ATIVIDADE 17·1

Write the correct indefinite article for each noun given.

1. _____ carro
2. _____ hora
3. _____ filhos
4. _____ rosas

5. _____ exercícios
6. _____ café
7. _____ dicionário
8. _____ mesa

9. _____ secretárias
10. _____ blusa
11. _____ malas
12. _____ amigos

ATIVIDADE 17·2

*Complete the sentences with **um, uma, uns,** or **umas**.*

1. Tem _____ mesa para três pessoas?

2. Não tenho _____ gato em casa.

3. Vamos visitar _____ novo restaurante.

4. Há _____ biblioteca aqui?

5. É _____ ementa interessante.

6. Ela quer comprar _____ presentes de Natal.

7. Chicago tem _____ pizzarias fantásticas.

8. _____ amigas são simpáticas; outras não.

9. Para sobremesa, _____ bolos típicos.

10. Há _____ autocarro (BP ônibus) para São Paulo?

O hotel (*The hotel*)

Tenho / Temos um quarto (BP **apartamento**) **reservado . . .**	I / We have a room booked . . .
a receção (BP **recepção**) **/ o lóbi**	reception / lobby
o/a rececionista (BP **recepcionista**)	receptionist
o ascensor / o elevador	lift / elevator
a sala de jantar	dining room
a sala	lounge
a piscina (**interior / exterior / aquecida**)	swimming pool (indoor / outdoor / heated)
o ginásio	gym
o aceso (BP **acesso**) **Wi-Fi**	Wi-Fi access
a chave do quarto	room key
o quarto simples (*or* **quarto individual**)	single room
o quarto duplo (*or* **quarto de casal**)	double room
o quarto com duas camas (*sometimes also simply called a* **duplo**)	twin room
a suite (BP **suíte**)	suite
o pequeno-almoço (BP **café da manhã**) **incluído**	breakfast included
a pensão completa	full board
a meia-pensão	half-board
o ar condicionado	air conditioning
com / sem	with / without
fazer uma queixa / uma reclamação	to make a complaint

ATIVIDADE
17·3

Complete the sentences with the correct forms of the indefinite article or put an "X" in the blank if one is not necessary.

1. Queremos _____ quarto duplo com pequeno-almoço.

2. Onde trabalha? Sou _____ rececionista no hotel Praia Norte.

3. O hotel tem _____ piscina enorme.

4. Que _____ casa! Tem oito (8) quartos.

5. _____ quartos têm vista panorâmica.

6. Não quero _____ outra cerveja, obrigada.

7. Vamos fazer _____ reclamações sobre a sala de jantar.

8. _____ pessoas dizem que o gerente (*manager*) é _____ washingtoniano (*from Washington*).

9. É extraordinário—o hotel não tem _____ elevador.

10. _____ mil surfistas visitam esta praia por semana para praticar surf (BP para pegar a onda) (*to grab the wave*).

(A) *Translate the following sentences into English.*

1. Por favor, queremos uma suíte com aceso (BP acesso) Wi-Fi.

   _____

2. O bolo está quente e vou comer outro.

   _____

3. O hotel Marinha tem um elevador muito antigo.

   _____

4. O senhor pede meia garrafa de vinho branco.

   _____

5. Algumas piscinas são pequenas.

   _____

(B) *Translate the following sentences into Portuguese.*

1. What a beach!

   _____

2. Some rooms don't have air conditioning.

   _____

3. She is a manager; he is a receptionist.

   _____

4. There are a hundred rooms in the hotel.

   _____

5. When I visit Brazil, I like to eat some typical dishes (**pratos típicos**).

   _____

18

Nouns • Around the house

Nouns

Nouns are things, people, places, and abstract ideas, thoughts, or philosophies. In Portuguese, all nouns are designated a gender. Nouns can also be singular or plural. The endings change to show number and gender. Most nouns have regular changes, but some are irregular.

Regular nouns

	SINGULAR	PLURAL
masculine	o dicionário (*the dictionary*)	os dicionários (*the dictionaries*)
feminine	a janela (*the window*)	as janelas (*the windows*)

Uses

- Remember that the definite article (*the*) and the indefinite articles (*a / an, some*) have to agree with the nouns!
- The -**o** ending is typically masculine, and the -**a** ending is usually feminine.
- There are some exceptions to this rule: **o cinema** (*movie theater*), **o chá** (*tea*), **o mapa** (*map*), and others.
- Many nouns representing professions can be changed from masculine to feminine: **o médico** (*doctor*) becomes **a médica** (*female doctor*).
- Many nouns ending in -**ista** can be masculine or feminine: **o artista/ a artista** (*artist*).
- Nouns conveying different sexes have different words, just as in English: **o pai** (*father*) / **a mãe** (*mother*).
- Nouns ending in -**gem** and -**dade** are usually feminine, as are those ending in -**ção**: **a viagem** (*journey*), **a cidade** (*city*), **a estação** (*station*).
- Nouns ending in -**l** and -**r** are more often masculine: **o favor** (*favor*), **o jornal** (*newspaper*).
- Nouns ending in -**e**, -**i**, and -**u** also form the plural just by adding an -**s**.

Other noun changes

NOUNS	SINGULAR, MASCULINE	PLURAL, MASCULINE	SINGULAR, FEMININE	PLURAL, FEMININE
ending in **-r**	cantor (*singer*)	cantores	cantora (*female singer*)	cantoras
	lugar (*place*)	lugares	cor (*color*)	cores
ending in **-z**	avestruz (*ostrich*)	avestruzes	vez (*time*)	vezes
ending in **-s**	país (*country*)	países		
ending in **-es**	freguês (*shop customer*)	fregueses	freguesa (*female customer*)	freguesas
ending in **-m**	homem (*man*)	homens (*men*)	garagem (*garage*)	garagens

Nouns ending in -l

	SINGULAR	PLURAL
-al	jornal (*newspaper*)	jornais
-el	hotel	hotéis
-il	barril (*barrel*)	barris
-ol	lençol (*sheet*)	lençóis
-ul	paul (EP) (*marsh*)	pauis

- Nouns ending in **-ão** form their plural in three distinct ways (**-ões** / **-ães** / **-ãos**), but there is no definite rule to say which is which. Learn them as you meet them.
- You will come across other irregular nouns not conforming to these rules, plus nouns with different rules about their written accents and where you add stress (add emphasis). Make a note as you find them.

Examples

O saco e a caixa estão na cozinha.
The bag and the box are in the kitchen.

Quero um chá, se faz favor (BP por favor).
I want a tea, please.

Tom é advogado; a mulher também é advogada.
Tom is a lawyer; his wife is also a lawyer.

O meu dentista é fantástico; a dentista da minha irmã não é!
My (male) dentist is great; my sister's (female) dentist is not!

Temos um touro e vinte vacas na quinta (BP fazenda).
We have a / one bull and twenty cows on the farm.

A eletricidade é muito cara hoje em dia.
Electricity is very expensive nowadays.

Gosto de me sentar com um jornal e um pastel.
I like to sit down with a newspaper and a pastry.

Precisamos de cinco perus para a ceia do dia de Ação de Graças.
We need five turkeys for the Thanksgiving supper.

O senhor e a senhora Pereira são professores.
Mr. and Mrs. Pereira are teachers.

A freguesa reclama dos rapazes.
The customer complains about the boys.

Recebo muitas mensagens por SMS.
I receive many messages by SMS.

Todos os espanhóis nos hospitais têm lençóis novos.
The Spanish people (Spaniards) in the hospitals all have new sheets.

As canções sobre os cães (BP cachorros) falam de irmãos e pães!
The songs about dogs speak of brothers and bread loaves!

Write the feminine form of the following nouns. (You may need to consult a dictionary.)

1. o enfermeiro (*nurse*) _____

2. um português (*a Portuguese man*) _____

3. o pescador (*fisherman*) _____

4. o desenhador (BP desenhista) (*designer*) _____

5. o veterinário _____

6. o desportista (*sportsman*) _____

7. o jornalista _____

8. o escultor (*sculptor*) _____

Change each noun from the singular to the plural.

1. o computador _____

2. a luva (*glove*) _____

3. o jardim _____

4. a chave _____

5. o nariz (*nose*) _____

6. o elevador _____

7. o quintal _____

8. o hospital _____

9. o tapete (*rug*) _____

VOCABULÁRIO

Na casa (*Around the house*)

(por) dentro	inside
(por) fora	outside
em cima	upstairs
em baixo	downstairs
o rés-do-chão (BP térreo)	ground floor
no primeiro / segundo andar	on the first / second floor
a cave (BP o porão)	basement

o sótão	attic
o telhado	roof
a cozinha	kitchen
a sala (de estar)	lounge / living room
a sala de jantar	dining room
o quarto (de dormir) / o dormitório	bedroom
a casa de banho (BP o banheiro)	bathroom
o escritório	study
a despensa	pantry / storeroom
a sala de jogos	game room
a lavandaria / área de serviço	utility room
a oficina	workshop
a entrada / o vestíbulo	entrance / hallway

ATIVIDADE
18·3

Change these sentences from the singular into the plural form. Don't forget to change the verbs as well!

1. O quarto é no primeiro andar.

_____

2. O agricultor trabalha com um trator.

_____

3. Tenho um limão na despensa.

_____

4. A garagem é fora da casa.

_____

5. A viagem para a Itália leva três horas.

_____

6. Há um quintal (*yard*) e um jardim.

_____

7. Não posso mexer (*to move*) a mão.

_____

8. O papel está na mesa no escritório.

_____

9. O cantor canta uma canção sobre o rapaz.

_____

10. O francês tem um mapa na parede da sala.

_____

Translate the following sentences into Portuguese.

1. The bedroom has three windows.

_____

2. I don't like the colors of the walls.

_____

3. How many hotels are there in Michigan?

_____

4. The men make a lot of journeys.

_____

5. There are five (**cinco**) stations in the (**na**) city.

_____

6. Do you (_pl._) know a female doctor?

_____

Describing things • Common adjectives

19

Regular adjectives

In Portuguese, describing words, or adjectives, have to match (or agree with) the words they are describing in number and gender. They follow the same rules for these forms as nouns (Chapter 18). In the dictionary, an adjective is always given in its masculine, singular form.

	SINGULAR, MASCULINE	PLURAL, MASCULINE	SINGULAR, FEMININE	PLURAL, FEMININE
puro (*pure*)	puro	puros	pura	puras
calmo (*calm*)	calmo	calmos	calma	calmas

Uses

- Use the masculine, singular form, with a masculine singular noun: **O cavalo é puro** (*The horse is pure*).
- Use the masculine, plural form with masculine nouns in the plural: **Os cães estão calmos** (*The dogs are calm*).
- Use the feminine, singular form with a feminine, singular noun: **A professora está calma** (*The teacher is calm*).
- Use the feminine, plural form with feminine nouns in the plural: **As águas são puras** (*The waters are pure*).
- Apart from when they follow a verb form (as above), adjectives are normally placed right *after* the noun they describe: **um cavalo puro, as águas puras**.
- A few adjectives tend to naturally fall before the noun, such as: **bom** (*good*), **mau** (*bad*), **próximo** (*next*), **único** (*only*), **último** (*last*).

The adjectives for *good* (**bom**) and *bad* (**mau**) have four irregular forms:

bom/boa	bons/boas
mau/má	maus/más

Other adjective formations

These follow the same rules as for nouns in the previous chapter.

ADJECTIVE	SINGULAR, MASCULINE	PLURAL, MASCULINE	SINGULAR, FEMININE	PLURAL, FEMININE
ending in **-e**	interessante	interessantes	interessante	interessantes
ending in **-z**	feliz (*happy*)	felizes	feliz	felizes
ending in **-r**	parlamentar (*parliamentary*)	parlamentares	parlamentar	parlamentares
ending in **-or**	falador (*talkative*)	faladores	faladora	faladoras
ending in **-s**	simples	simples	simples	simples
ending in **-m**	comum (*common*)	comuns	comum	comuns
ending in **-l**	gentil (*kind*)	gentis	gentil	gentis
	difícil (*difficult*)	difíceis	difícil	difíceis
ending in **-ês**	japonês (*Japanese*)	japoneses	japonesa	japonesas

Notes

- You will find examples challenging these rules as you advance in your study of the language.
- For more on colors, see Chapter 20.
- For more adjectives of nationality, see Chapter 49.
- When describing both a masculine and a feminine noun together, always use the masculine plural form of the adjective.

Examples

O meu carro é velho; a minha cadeira é nova.	*My car is old; my chair is new.*
Os primos são altos; as irmãs são baixas.	*The cousins are tall; the sisters are short.*
Vou comprar um vestido barato e umas botas caras.	*I'm going to buy a cheap dress and some expensive boots.*
Bom dia! O próximo voo para Santiago parte às 17 horas.	*Good morning! The next flight to Santiago departs at 5:00.*
Temos bom tempo, mas má companhia!	*We have good weather but bad company!*
As montanhas são grandes e nós estamos contentes.	*The mountains are big and we are happy (content).*
As férias escolares começam amanhã.	*The school holidays begin tomorrow.*
Ela é jovem, mas responsável.	*She is young, but responsible.*
Nesta loja há muitos vasos chineses, algumas poltronas inglesas e um quadro francês.	*In this shop there are many Chinese vases, some English armchairs, and a French picture.*
Os meninos e as namoradas estão apaixonados.	*The boys and their girlfriends are in love.*

---

*See chapter 30 for a discussion of 24-hour clock times.

ATIVIDADE
19·1

Change the adjectives from the masculine to the feminine form.

1. barato _____

2. quente _____

3. útil (*useful*) _____

4. acolhedor (*welcoming*) _____

5. famoso _____

6. holandês (*Dutch*) _____

7. capaz (*capable*) _____

8. inovador (*innovative*) _____

9. frio _____

10. tropical _____

ATIVIDADE
19·2

Change the adjectives from the singular to the plural form.

1. diferente _____

2. regional _____

3. fresco _____

4. invisível _____

5. séria _____

6. escocês (*Scottish*) _____

7. bom _____

8. urgente _____

9. sénior (EP) (BP sênior) _____

10. usada _____

ATIVIDADE
19·3

Choose the correct adjective to complete each sentence.

1. Ela tem um gato (velho / velha).

2. A minha amiga é (faladora / faladoras).

3. Trabalhamos com computadores (japoneses / japonesas).

4. Você está (triste / tristes)?

5. É uma língua (fácil / fáceis).

6. Não há (bons / boas) filmes hoje em dia.

Adjetivos comuns (Common adjectives)*

bonito / lindo	pretty / handsome	**preocupado**	worried
pequeno	small	**cansado**	tired
simpático	nice, friendly	**possível**	possible
feio	ugly	**cheio**	full
magro	thin	**vazio**	empty
gordo	fat	**rico**	rich
divertido / engraçado	fun / funny	**pobre**	poor
importante	important	**moderno**	modern
limpo	clean	**rápido**	fast
sujo	dirty	**lento**	slow

*Remember you need to decide whether to use the verb **ser** or **estar** with these adjectives, depending on whether the situation is permanent or temporary.

ATIVIDADE 19·4

Change these sentences from the singular to the plural form.

1. O copo está cheio.

   _____

2. A vaca é gorda.

   _____

3. Tenho um casaco (*coat*) sujo.

   _____

4. Ela não gosta do comboio lento.

   _____

5. Tem um livro interessante.

   _____

6. Você trabalha com uma senhora feia.

   _____

Translate the following sentences into Portuguese.

1. The pretty student has a dirty house.

_____

2. My cell phone is modern; it's Chinese.

_____

3. We like funny films.

_____

4. John is ugly but very nice.

_____

5. The fast aeroplanes are empty.

_____

6. How many rich uncles do you (*sing., fam.*) have?

_____

Colors • Clothing

Colors

Colors are also adjectives, as they give us information about the things they are describing. In Portuguese, the words for the colors change their endings according to the rules presented in Chapter 19. The appropriate form must match (in number and gender) the noun you are describing.

Common colors

COLOR	SINGULAR, MASCULINE	PLURAL, MASCULINE	SINGULAR, FEMININE	PLURAL, FEMININE
white	branco	brancos	branca	brancas
black	preto *or*	pretos	preta	pretas
	negro	negros	negra	negras
red	vermelho *or*	vermelhos	vermelha	vermelhas
	encarnado	encarnados	encarnada	encarnadas
yellow	amarelo	amarelos	amarela	amarelas
brown	castanho	castanhos	castanha	castanhas
	(BP marrom)	marrons	marrom	marrons
grey	cinzento	cinzentos	cinzenta	cinzentas
purple	roxo	roxos	roxa	roxas
golden	dourado	dourados	dourada	douradas
green	verde	verdes	verde	verdes
blue	azul	azuis	azul	azuis

Irregular formats

The following colors do not change form:

+ orange: **cor de laranja** or just **laranja**
+ pink: **cor-de-rosa** or just **rosa**
+ grey: (BP) **cor (de) cinza**, or often just **cinza**

Other colors

+ violet: **violeta** (*pl.* **violetas**)
+ silver: **prateado** (-a/-os/-as) (BP **cor de prata / prata**)
+ purple: **púrpura**

Uses

- Use the singular form of colors when describing an item in the singular.
- When describing more than one item, use the plural form of the color.
- Use the masculine plural form to describe items of different genders but of the same color.
- The normal position for a color is *after* the noun (thing) it is describing; occasionally you will find them before (often for emphasis or in literary contexts).
- To ask what color something is, use: **De que cor é . . . ?** or the plural: **De que cor são . . . ?**
- For dark and light colors, use **escuro** and **claro** (e.g., **verde-escuro** [*dark green*], **azul-claro** [*light blue*]). When using dark / light in the feminine or plural forms, only change the form of **escuro** or **claro**: **gatos castanho-escuros** (*dark brown cats*).
- For *red wine*, use only the word **tinto: vinho tinto**.
- Hair colors also include: **loiro** (*blond*) and **ruivo** (*red, ginger*).
- To describe someone's skin color as "brown / dark," use **moreno**.

Examples

O meu coelho é branco e preto.	*My rabbit is white and black.*
As flores são cor-de-rosa.	*The flowers are pink.*
Os olhos de Patrícia são azuis.	*Patricia's eyes are blue.*
O nosso sofá e a nossa cadeira são vermelhos.	*Our sofa and our chair are red.*
Ela tem uma pulseira verde.	*She has a green bracelet.*
A branca neve brilha à luz do inverno.	*The white snow shines in the winter light.*
De que cor são os brincos? São violetas.	*What color are the earrings? They're violet.*
Prefiro o candeeiro castanho-escuro.	*I prefer the dark-brown lamp.*
Janet não gosta das rosas vermelho-claras.	*Janet doesn't like light-red roses.*
Quero um bom vinho tinto e depois, um chá verde!	*I want a good red wine and afterwards a green tea!*
Que bonita! Ela é morena e ruiva (com cabelo ruivo).	*How pretty! She's dark-skinned with red hair.*

ATIVIDADE
20·1

Write the correct form of the adjectives given in parentheses to match each noun.

1. um saco (violeta) _____

2. olhos (azul) _____

3. velas (*candles*) (roxo) _____

4. uma rosa (encarnado) _____

5. um tapete (branco) _____

6. uma porta (cinzento-escuro) _____

7. carros (cor-de-prata) _____

8. cabelo (loiro) _____

9. uma planta (amarelo) _____

10. bananas (verde) _____

Complete the sentences with the correct form of the colors in parentheses.

1. O meu casaco é (roxo) _____, mas está sujo.

2. Ela prefere a cadeira (cor de laranja) _____.

3. As bicicletas são (prateado) _____ e rápidas.

4. Os autocarros (BP ônibus) antigos são (verde-claro) _____.

5. Tenho um gato gordo e um magro; são (preto) _____.

6. É um peixe (dourado) _____.

7. Tem dois telemóveis modernos; são (cor-de-rosa) _____.

8. Temos três canetas (azul-escuro) _____.

9. A caixa pequena é (amarelo) _____.

10. As frutas (vermelho) _____ são muito boas.

VOCABULÁRIO

A roupa (*Clothing*)

a roupa interior (BP **de baixo**)	underwear
o tamanho / o número (*for shoes*)	size
o vestido	dress
a saia	skirt
a blusa	blouse
a t-shirt (BP **a camiseta**)	T-shirt
as calças (BP **a calça**)	trousers
a camisa	shirt
as calças de ganga (BP **o jean / os jeans**)	jeans
os calções (BP **o short**)	shorts
o fato de treino (BP **a roupa de ginástica**)	tracksuit (sweatsuit)
a camisola / o suéter / o pulôver (BP **a malha de lã**)	sweater / jumper
a sweatshirt (BP **o moletom**)	sweatshirt
os sapatos	shoes
as botas	boots
as sandálias	sandals
os ténis (BP **tênis**)	trainers
servir	to fit (serve)
ficar bem	to suit (well)
Posso experimentar?	Can / May I try on?

ATIVIDADE
20·3

Choose an appropriate word from the list below to complete the sentences.

botas	cinzentos	ténis	blusa	verde
amarelas	branca	cor-de-rosa	pulôver	laranja

1. Rebecca tem uma saia _____.

2. O short _____ não me serve. É muito pequeno.

3. Os meus sapatos favoritos são _____.

4. Vou comprar umas _____ roxas.

5. Posso experimentar aquele (*that*) vestido _____?

6. Os _____ pretos são muito caros.

7. Vendemos muitas camisas _____.

8. Ela não gosta do _____ castanho.

9. De que cor é a t-shirt? É cor de _____.

10. Você prefere a _____ azul?

ATIVIDADE
20·4

Translate the following sentences into Portuguese.

1. Louise has brown hair and green eyes.

_____

2. The purple sandals don't fit.

_____

3. John always buys light-grey cars.

_____

4. He prefers the white shirt.

_____

5. She has a black horse.

_____

6. We're going to buy blue shoes.

_____

7. You (*sing., fam.*) never eat the yellow peppers (**pimentos** / BP **pimentas**).

_____

8. Do you (*pl.*) like the dark-red trousers?

_____

9. This (**Esta**) orange is not orange!

_____

10. I want a pink dress and a golden T-shirt.

_____

Demonstratives: *this* and *that* • Literature and cinema

Demonstrative adjectives

When you want to point things out to people in English, you use words such as "*this* man" or "*those* candies," or even simply "I want *this* one," or "I like *those*," etc. To do this in Portuguese, you have to choose an appropriate "demonstrating" word, according to whether the object being referred to is masculine or feminine, singular or plural.

DEMONSTRATIVE ADJECTIVE	SINGULAR, MASCULINE	PLURAL, MASCULINE	SINGULAR, FEMININE	PLURAL, FEMININE	LOCATION WORD
this / these (for objects near you)	este	estes	esta	estas	aqui (*here, near you*)
that / those (for objects over there)	aquele	aqueles	aquela	aquelas	ali (*over there*)
that / those (for objects near the person you are talking to)	esse	esses	essa	essas	aí (*there, near the other person*)

Uses

- Use **este/esta**, **estes**, etc., to indicate something near to you: *this pen* (**esta caneta**), *these cakes* (**estes bolos**).
- Combine **este** or other demonstrative adjectivess with the word **aqui** to give more emphasis to the items you are pointing out: *This book here is really old.*
- Use **aquele/aquela**, etc., to point to something away from you or anyone else you are speaking with: *that house, those horses.*
- Add **ali** to indicate more carefully the items that are "over there": *that person over there.*
- Use **esse/essa**, **esses**, etc., to point to something that is near a person you are talking to (but not near you): *those pencils you have, that hat you're wearing.*
- Add **aí** to greater emphasize the fact that the item is near the other person: *that chocolate bar you have there.*

- If there is no third party involved (i.e., you're not talking with someone), you only need to use **este** or **aquele**.
- Use any of the demonstratives on their own, to express "this one," "that one," etc., while still applying the rules of number / gender / place: *Which cake do you want? This one or that?*

Examples

Este anel é meu.	*This ring is mine.*
Estas caixas aqui são antigas.	*These boxes here are old (ancient).*
Não gosto daquelas (**de + aquelas**) meninas.	*I don't like those girls.*
De quem é aquela raqueta ali?	*Whose is (lit. Of whom is) that racket (over) there?*
Esse cachecol é novo?	*Is that scarf (i.e., near the other person) new?*
Eu também quero comprar um par desses sapatos que tu tens aí.	*I also want to buy a pair of those shoes that you have there.*
Este castelo aqui e aquele palácio ali datam do século XV.	*This castle here and that palace over there date from the 15th century.*
Qual bolo queres? Este ou aquele?	*Which cake do you want? This one or that?*
Esses que você tem aí são os melhores.	*Those that you have there are the best.*

ATIVIDADE
21·1

*Complete numbers 1–4 with **este/esta**, etc. Complete numbers 5–8 with **esse/essa**, etc. Complete numbers 9–12 with **aquele/aquela**, etc.*

1. _____ mesa
2. _____ amigas
3. _____ dicionário
4. _____ alunos

5. _____ copo
6. _____ flor
7. _____ livros
8. _____ malas

9. _____ sopa
10. _____ janelas
11. _____ bolo
12. _____ sapatos

ATIVIDADE
21·2

*Write the correct location word (**aqui, ali, aí**) to complete each sentence, and then translate them into English.*

1. Estas lojas _____ são caras.

_____

2. Aquele vestido _____ é bonito.

_____

3. Esses óculos (*glasses*) _____ são meus.

_____

4. Adoro essa saia preta que tens _____.

_____

5. Quero visitar aquelas montanhas _____.

_____

6. Vou comprar estes ténis _____.

_____

7. Aquela senhora _____ é a professora de matemática.

_____

8. Onde é que você guarda toda (*all*) essa roupa _____?

_____

9. Aqueles quadros _____ custam $3,000 cada (*each*).

_____

10. Posso experimentar este _____, por favor?

_____

A literatura e o cinema (*Literature and cinema*)

o romance	novel
a ficção	fiction
a ficção científica	science-fiction
o romance histórico	historical drama / romance
os contos	tales, short stories
. . . policial / policiais	crime / police . . .
a comédia	comedy
a banda desenhada (BP **história em quadrinhos**)	comic, comic strip
(o filme) de suspense / terror	thriller / terror (film)
(o filme / livro) do oeste (BP **bangue-bangue**)	western (film / book)
romântico/a	romantic
o filme de desenhos animadas	animated film
em cena no cinema . . .	showing (at . . . cinema)
o autor/a autora	author
o ator/a atriz	actor/actress
o escritor/a escritora	writer
estreia	comes out / shows for the first time
apresentar	to act / play a role
o livro / o filme trata-se de	the book / film is about
a obra retrata . . .	the work tells of . . .

Write the correct demonstrative adjective to complete each sentence.

1. Vou ler _____ romance aqui; é um livro romântico.

2. Quero comer um d_____ pastéis que tens aí.

3. O novo filme de Brad Pitt estreia n_____ cinema ali.

4. _____ calças brancas aqui são baratas.

5. Como se chama _____ banda desenhada que estás a ler?

6. Detesto _____ chapéu que você está usando.

7. _____ contos aqui retratam a vida na África.

8. Vocês querem _____ chocolates aqui ou _____ ali?

9. _____ senhoras ali são atrizes famosas.

10. _____ aqui é o meu livro favorito.

Translate the following sentences into Portuguese.

1. This comedy comes out in November.

_____

2. Do you want this soup or that one?

_____

3. That novel you have, is it fiction?

_____

4. I don't like those earrings you have.

_____

5. Are those actors over there American?

_____

6. Let's go here, or over there?

_____

7. My friend is going to act in this film.

_____

8. These flowers here are pretty.

_____

9. This is the best (**o melhor**) historical drama.

_____

10. Do you have that shirt (by you) in orange?

_____

Nonchanging demonstratives • Materials

Nonchanging demonstratives

To point out and identify things that are nonspecific or vague, or when you are unsure of the actual name of the object, you can use one of three demonstratives that are neutral in tone. They do not change their endings, but can be used to express single or plural objects. They convey the idea of "this thing," "that thing," etc.

isto (**aqui**)
(*this thing, here by me*)

isso (**aí**)
(*that thing, there near you*)

aquilo (**ali**)
(*that thing, over there*)

Uses

- Use **isto** to point out something (singular or plural) near you, as the speaker.
- Use **isso** to indicate something near the person with whom you are talking.
- Use **aquilo** to identify something at a distance from you, or from you and another person.
- Use them with the verb **é** (*is*) if the item is singular.
- Use them with the verb form **são** (*are*) if there is more than one object.
- Use them with the location words **aqui**, **aí**, and **ali** to emphasize the identification of positions.
- Use them to form the question: *What is this / that?* (**O que [Que] é isto? / O que [Que] é isso / aquilo?**)
- **Isto é** can be used in dialogue when you want to clarify something: . . . , *that (this) is* . . .
- **Isso!** is often used in conversation to express that someone has understood your idea (i.e., they've got it): *That's it!*

A useful question when you're learning Portuguese is: **O que é isto em português?** (*What's this in Portuguese?*)

Examples

Tudo isto é muito bonito.	*All this is very beautiful.*
Isso são canetas.	*That (there) are pens (i.e., Those things there are pens).*
Aquilo são borrachas.	*That (there) are erasers.*

Isso que está perto de você é um relógio.	*That thing that is near you is a watch.*
Aquilo ali é uma fita.	*That (thing) over there is a ribbon.*
(O) que é isto?	*What is this?*
(O) que é aquilo ali?	*What is that over there?*
Vamos investigar o crime, isto é, se realmente houve um crime.	*We're going to investigate the crime, that is, if actually there has been a crime.*
A resposta é "24". Isso!	*The answer is "24." That's it!*

ATIVIDADE 22·1

Complete each sentence with the appropriate demonstrative.

1. _____ aqui é um bolo.

2. _____ aí são livros.

3. _____ ali é o comboio.

4. _____ ali é uma bicicleta.

5. _____ aí é um jornal.

6. _____ aqui são carros.

7. _____ ali são bananas.

8. _____ aí é chocolate.

9. _____ aqui é a televisão.

10. _____ aqui são óculos.

ATIVIDADE 22·2

*Imagine you and a friend are talking about what various items are. Complete the questions and answers with the appropriate demonstratives and parts of the verb **ser**. Remember to consider the relative position of the item to you, to your friend, or at a distance from you both. The first one has been done for you as an example.*

1. A: O que é isto? B: *Isso* é um livro de biologia.

2. A: O que é aquilo? B: _____ são bandas desenhadas.

3. A: O que é isso aí? B: _____ aqui é um chapéu.

4. A: O que é isto? B: Isso aí _____ livros policiais.

5. A: O que é aquilo ali? B: _____ é leite.

6. A: O que é isso? B: Isto aqui _____ obras históricas.

7. A: O que é isto aqui? B: _____ são cartas.

8. A: O que é aquilo? B: Aquilo ali _____ o cinema.

9. A: O que é isso? B: Isto _____ um presente de Natal.

10. A: O que é isto? B: _____ é uma coleção de contos românticos.

Materiais (*Materials—what things are made from*)

feito/feita / feitos/feitas de . . .	made of / from . . .
é / são de . . .	it is / they are of . . .
(o) papel	paper
(o) plástico	plastic
(o) couro	leather
(o) mármore	marble
(a) madeira	wood
(o) vidro	glass
(o) algodão	cotton
(a) lã	wool
(o) cetim	satin
(as) fibras naturais	natural fibers
(as) fibras sintéticas	synthetic fibers
(a) borracha	rubber
(o) ouro	gold
(a) prata	silver
(a) platina	platinum
(o) ferro	iron
(o) alumínio	aluminium
(a) porcelana	china, porcelain

ATIVIDADE
22·3

Translate the following sentences into English.

1. Isto é uma mesa antiga; é feita de mármore.

   _____

2. Trabalho com o meu amigo, isto é, o João Ferreira.

   _____

3. O que é aquilo? Ah, aquilo são óculos de platina—muito caros!

   _____

4. Qual é a resposta? É "México". Isso!

   _____

5. Quero comprar isso aí. De que é feito?

   _____

6. Isto aqui são casacos para o inverno (*winter*).

   _____

Translate the following sentences into Portuguese.

1. That over there is a porcelain doll.

_____

2. I'm going to buy this for (**para**) my husband.

_____

3. That's it! It's made of iron.

_____

4. Can I try that on please?

_____

5. What is this in Portuguese? It's "leather."

_____

6. This is all (**tudo**) very expensive.

_____

Possessives, part 1: *my / your / our* • Technology

First-person and second-person possessives

Possessives are used when we want to indicate *to whom* something belongs. In Portuguese, possessives work as adjectives and change their endings according to the item(s) possessed, and do not match the person(s) doing the possessing.

In this chapter we look at how to convey *my, your*, and *our*—first- and second-person possessives. The Portuguese possessive words also express the equivalent of the English *mine, yours*, and *ours*.

POSSESSIVE	SINGULAR, MASCULINE	PLURAL, MASCULINE	SINGULAR, FEMININE	PLURAL, FEMININE
eu (*my / mine*)	(o) meu	(os) meus	(a) minha	(as) minhas
tu (*your / yours, sing., fam.*)	(o) teu	(os) teus	(a) tua	(as) tuas
você, o senhor/ a senhora (*your / yours, sing., pol.*)	(o) seu	(os) seus	(a) sua	(as) suas
nós (*our / ours*)	(o) nosso	(os) nossos	(a) nossa	(as) nossas
vocês, os senhores/ as senhoras* (*your / yours, pl.*)	(o) vosso	(os) vossos	(a) vossa	(as) vossas

*In Brazil, the possessive **seu/sua**, etc., is also used for **vocês**; and **vosso/vossa**, etc., is not used.

Uses

- Use the appropriate possessive word from the table according to (a) the person who is in possession (*I, you*, etc.) and (b) the gender and number of the item actually possessed.
- When talking about yourself (**eu**), use the possessives (**o**) **meu**, (**a**) **minha**, etc.: (**o**) **meu carro** (*my car*).
- When addressing someone you would normally use **tu** with (i.e., they are familiar to you), use the possessives (**o**) **teu**, (**a**) **tua**, etc.
- When addressing people you would usually use **você** with or the polite forms of **o senhor/a senhora**, or by using **o/a** and the first name, use the possessives (**o**) **seu**, (**a**) **sua**, etc.
- When talking about "our," use (**o**) **nosso**, (**a**) **nossa**, etc.
- When addressing more than one person (**vocês, os senhores/as senhoras**), use the possessives (**o**) **vosso**, (**a**) **vossa**, etc. In Brazil, (**o**) **seu**, (**a**) **sua**, etc., is more commonly used for the *you*, plural equivalent.

- The additional articles (**o**, **a**, **os**, **as**) are used with the possessives, although they are becoming more optional in Portugal. In Brazil, they are used far less frequently.
- The articles are not used when the possessives express *mine, yours, ours*, in statements following the verb **ser**, such as 'It's mine." "Where is yours?" "Ours are red." although the possessives still agree with the item referred to. In these cases, the possessives become pronouns, as they stand in place of the item itself.
- Common questions relating to possessives include: **De quem é . . . ?** (*Whose is . . . ?*) and **De quem são . . . ?** (*Whose are . . . ?*). In these cases, the articles are also omitted from the responses.
- See also the general notes in Chapter 24 about omission of the possessives.

Examples

O meu relógio não funciona.	*My clock / watch doesn't work.*
Como se chama a tua amiga?	*What is your (female) friend called?*
O seu jardim é muito bonito, Dona Margarida.	*Your garden is very pretty, Mrs. Margaret.*
Estamos a mexericar (BP fofocar) sobre os nossos ex-maridos.	*We are gossiping about our ex-husbands.*
Aquela é a vossa casa?	*Is that your house? (to more than one person)*
Aquele senhor é o seu chefe?	*Is that man your boss? (to one person, or more than one in Brazil)*
Minha aula começa às 9 horas.	*My lesson begins at 9.*
Isto não é meu. O meu é preto.	*This is not mine. Mine is black.*
Onde estão as tuas? Não sei, mas estas não são minhas!	*Where are yours? I don't know, but these are not mine.*
De quem é este caderno? É seu.	*Whose is this notebook? It's yours.*
De quem são estas luvas? São tuas?	*Whose are these gloves? Are they yours?*

ATIVIDADE
23·1

Complete the following sentences with the correct possessive. The personal pronoun in parentheses will guide you to the person doing the possessing.

1. (eu) _____ fruta favorita é a banana.

2. Quantos anos tem, (você) _____ filho?

3. (nós) _____ amigos estão com fome.

4. Onde vais passar (tu) _____ férias?

5. (eu) _____ garfo está sujo.

6. Querem convidar (vocês) _____ amigas?

7. (nós) _____ casa é muito velha.

8. Adoro (tu) _____ gatos!

Answer the following questions using the correct possessive. The personal pronoun in parentheses will guide you. The first has been done for you as an example.

1. De quem é este anel de ouro? (eu) *É meu.*

2. De quem é aquela borracha? (tu) _____

3. De quem é esta casa? (nós) _____

4. De quem são aqueles bilhetes? (você) _____

5. De quem são aquelas bonecas de porcelana? (vocês) _____

6. De quem é esse casaco de couro? (nós) _____

7. De quem são essas fotografias? (vocês) _____

8. De quem são todos estes papéis? (eu) _____

VOCABULÁRIO

A tecnologia (*Technology*)

o telemóvel (BP **o celular**)	mobile / cell phone
a mensagem SMS	text message
a mensagem multimédia	multimedia message
o cartão SIM	sim card
o carregador	charger
o computador	computer
o laptop	laptop
o teclado	keyboard
o rato (BP **o mouse**)	mouse
a mensagem / o e-mail	e-mail
a morada (BP **o endereço**) **de e-mail / o e-mail**	e-mail address
a internet	Internet
o site	site (website)
o servidor	server
navegar	to browse / surf
ligar	to connect
fazer log-in	to log on
fazer download	to download
enviar / mandar	to send
receber	to receive

Complete the following sentences with the appropriate possessives.

1. Vou comprar um novo telemóvel. _____ telemóvel velho não funciona.

2. Ana, Miguel! Preciso de falar com _____ pais!

3. Qual é (tu) _____ morada de e-mail?

4. Amanhã vou comemorar _____ aniversário.

5. Não podemos receber _____ mensagens.

6. E tu, Paulo, onde estão _____ livros?

7. Vou trocar de servidor. Qual é o nome do (você) _____?

8. Vamos visitar (nós) _____ amiga, que vive na França.

(A) Translate the following sentences into English.

1. Esta é tua?

_____

2. Os vossos computadores são muito caros.

_____

3. Aqui tem as suas chaves, senhor.

_____

4. O meu laptop tem um teclado pequeno.

_____

5. Vamos construir uma garagem para os nossos filhos.

_____

6. De quem é este celular?

_____

(B) Translate the following sentences into Portuguese.

1. Where is your car? (*sing., fam.*)

_____

2. Do you (*pl.*) have all your documents?

_____

3. Can you send me the details? I want to buy your house. (*sing., pol.*)

_____

4. Whose flowers are these?

_____

5. Our site has all the information.

_____

6. My suitcases are still at the airport.

_____

Possessives, part 2: *his / her / their* • Education

Third-person possessives

There are a number of ways of expressing possession in the third person (*his, Jack's, her, theirs,* etc.) in Portuguese. The first method turns the sentence "back to front."

- ◆ With the person's name (Michael's, Maria's):
  [the item(s)] + **do/da** + [name of the possessor(s)]

  O carro do Miguel
  A casa da Maria
  Os filhos do José e da Paula

- ◆ With a noun (the teacher's, the city's):
  [the item(s)] + **do/da / dos/das** + [noun—the possessor(s)]

  O livro do professor
  O nome da cidade
  As bicicletas dos meninos

- ◆ With the back to front construction, no adjective agreement is needed:
  [the item(s)] + **dele/dela / deles/delas**

  A mãe dele (*the mother of him – his mother*)
  Os livros dela (*the books of her – her books*)
  O nome dele (*the name of it [or him] – its / his name*)
  A casa deles (*the house of them – their house*)
  Os pais delas (*the parents of them [f.] – their parents*)

- ◆ The following method of forming third-person possessives follows the same pattern as the possessives learned in the previous chapter. Use (**o**) **seu**, (**os**) **seus**, (**a**) **sua**, (**as**) **suas** to express *his, her, it,* and *their.* This construction is used widely in Brazil, but is ambiguous and open to misinterpretation unless the context is clear. Remember it can also mean "your."

  (o) seu carro (*his/her / their car*)
  (as) suas amigas (*his/her / their friends*)

Uses

- ◆ Possessives in general are often omitted from Portuguese where the context makes it clear what items belong to which person.
- ◆ This is particularly the case in a longer text where repetition of "Jack's this," "his that," etc., might render the text clumsy. This is where you may find more examples of the possessive **seu/sua**, etc., in place of **dele**, or even complete omission of a possessive.
- ◆ Possessives are rarely used in Portuguese with parts of the body and clothing, provided the references are obvious and unambiguous.

Examples

Os primos da Louise vivem no Japão.	*Louise's cousins live in Japan.*
A filha do Manuel e da Teresa chama-se Paula.	*Manuel's and Teresa's daughter is called Paula.*
O livro da professora.	*The teacher's book.*
A escola deles é a melhor da cidade.	*Their school is the best in the city.*
Eu não gosto dos amigos dele.	*I don't like his friends.*
Ele vai levar seu cão (BP cachorro) ao parque.	*He's going to take his dog to the park.*
Vou à festa com o marido.	*I'm going to the party with (my) husband.*
John tem uma casa grande. A casa dele é moderna. John adora a (sua) casa.	*John has a large house. His house is modern. John loves the (his) house.*
Vão lavar as mãos!	*Go and wash (your) hands!*
Ela quer usar o chapéu novo.	*She wants to wear the (her) new hat.*

ATIVIDADE
24·1

*Rewrite the following phrases, replacing the names or nouns with possessives (**dele, dela, deles, delas**).*

1. O apartamento do Carlos _____

2. O carro da Célia _____

3. A namorada do Pedro _____

4. Os salários dos engenheiros _____

5. A mãe da Caterina e da Carla _____

6. As filhas da Mônica _____

7. Os apartamentos dos estudantes _____

8. As chaves da Susan e da Jane _____

9. O jardim do senhor Fontinelli _____

10. A cozinha da senhora Ferranti _____

*Change the possessives in the following sentences into forms using **seu, sua**, etc. Consider how much more ambiguous they are in that form.*

1. A garagem dele é bastante pequena. _____

2. Os vizinhos (*neighbors*) deles são italianos. _____

3. O celular dela é japonês. _____

4. Prefiro as casas delas. _____

5. A morada de e-mail dele é complicada. _____

6. Os laptops delas são de alta qualidade. _____

7. Onde estão as bolsas deles? _____

8. Não recebi (*I have not received*) todas as mensagens dela. _____

9. Quem gosta da professora deles? _____

10. Não sei como fazer log-in ao computador dele. _____

Which possessives can you safely delete from this text and still keep it unambiguous? Underline the ones you choose.

Lurdes Teixeira mora num bairro (*district*) chamado Alfama. O bairro dela é velho e tem muitas casas. Lurdes gosta muito do seu bairro. "Toda a minha família mora aqui e também os meus melhores amigos". Na escola dela, há 600 alunos. Ela adora a sua escola. A disciplina (matéria) preferida dela é matemática. "O meu irmão também frequenta esta escola. Eu gosto de jogar futebol com os amigos dele". Em casa, Lurdes ajuda a sua mãe, que trabalha como secretária. Lurdes adora cozinhar, e os seus pratos favoritos são o peixe frito e a sopa.

VOCABULÁRIO

A educação (*Education*)

o jardim-de-infância / a creche	kindergarten / nursery
a escola primária	primary school
a escola secundária	high / secondary school
o colégio	senior high school / college (also a private school)
a escola politécnica / o instituto técnico	technical / training college
o ensino superior	higher education
a universidade	university / USA college
o ensino	education / teaching
o (terceiro) ano	(third) year / grade
a turma	year group

o trimestre	term
o semestre	semester
a licenciatura	degree
o mestrado	Masters
o doutorado	Doctorate
ensinar	to teach
aprender / estudar	to learn / study
andar (no, na) . . .	to frequent, be at / in
licenciar-se (em)	to graduate (in)

ATIVIDADE
24·4

Choose an appropriate word from the list to complete the sentences.

loja	delas	licenciatura	seus	mestrado
prima	deles	aprende	seu	sua

1. John e os _____ amigos andam no 7° (*seventh*) ano.

2. De quem é esta cerveja? É _____?

3. Depois da _____ em biologia, Mary vai continuar com os seus estudos.

4. A _____ dela vende de tudo.

5. Elas gostam dos professores no _____ jardim-de-infância.

6. Stephanie trabalha com sua _____.

7. A turma _____ é simpática; elas gostam muito.

8. A casa dos vizinhos é moderna; eu não gosto muito da casa _____.

9. Peter está no colégio, mas não _____ muito nas suas aulas.

10. Onde vai estudar para seu _____?

Relative pronouns: *that / which / who / whom / where* • At the beach

Relative pronouns

Relative pronouns are used to refer back to people, places, or things that have already been mentioned earlier in a sentence. There are three main relative pronouns in Portuguese that we will focus on in this chapter. They do not change their form in any way but are often used in conjunction with other words.

que	*that, which, who, whom*	use with people or things
quem	*whom*	refers back to people
onde	*where*	refers back to places

Uses

- Use **que** to refer back to a preceding thing: *the cup that* (**o copo [BP a xícara]**) / *which I broke* (**que parti [BP quebrei]**).
- Use **que** to also relate back to a person in the previous part of the sentence: *the lady who / that sold the house* (**a senhora que vendeu a casa**).
- **Que** is used in the expressions **em que** (*in which*), **de que** (*of, from which*), **a que** (*to which*), **para que** (*for which*), **com que** (*with which*). See also Chapters 31 and 32 for more prepositions (location words).
- **Quem** is generally used in the following ways: **com quem** (*with whom*), **de quem** (*of, from whom*), **a quem** (*to whom*), **para quem** (*for whom*). See Chapters 31 and 32 for other possible combinations.
- **Onde** refers back to places previously mentioned: *the hotel where we usually stay.*
- Relative pronouns are a useful device for combining shorter sentences into a single, more elaborate sentence, which may enhance the flow and style of your writing.

Be careful! In English we often omit relative pronouns: *the girl I saw looking at me; the restaurant we visited.* Do not omit the relative pronouns in Portuguese!

Examples

Este é o copo que parti.	*This is the glass (that) I broke.*
Aquela é a senhora que vendeu a casa.	*That is the lady who sold the house.*
Lá vai o ladrão que vimos ontem.	*There goes the thief (that, who) we saw yesterday.*

O carro em que viajo todos os dias é do meu pai.	*The car in which I travel every day is my father's.*
O livro de que você fala será publicado em março.	*The book you're talking about will be published in March.*
O advogado com quem trabalho vai visitar a China.	*The lawyer with whom I work is going to visit China.*
A menina para quem fiz o bolo é a minha neta.	*The girl for whom I made the cake is my granddaughter.*
O hotel onde geralmente ficamos vai fechar.	*The hotel where we generally stay is going to close.*
A cidade onde vamos passar as férias chama-se Goa.	*The city where we're going to spend the holidays is called Goa.*
A garrafa está em cima da mesa. Contém vinho tinto. A garrafa que está em cima da mesa contém vinho tinto.	*The bottle is on the table. It contains red wine. The bottle that / which is on the table contains red wine.*
Os futebolistas (BP jogadores de futebol) eram famosos. Eu falei com eles. Os futebolistas com quem falei eram famosos.	*The soccer players were famous. I spoke with them. The soccer players with whom I spoke were famous.*
A menina que vi . . . ; o restaurante que visitámos (BP visitamos) . . .	*The girl (that) I saw . . . ; the restaurant (that / which) we visited . . .*

ATIVIDADE
25·1

Choose the correct relative pronoun to complete each sentence.

1. Os empregados (que / quem) trabalham no restaurante são muito simpáticos.

2. A senhora com (quem / que) jogo ténis é italiana.

3. A igreja (onde / que) vamos nos casar é velha.

4. O nome do hotel (que / onde) passamos as férias é o Metropol.

5. Não sei como se chama a loja de (onde / que) você fala.

6. O livro (que / quem) vou ler é um romance histórico.

7. Ela adora a sopa (quem / que) sua mãe faz.

8. O filme em (onde / que) estreia a nova atriz é uma comédia.

9. Nova Iorque é uma cidade (que / onde) nunca dorme.

10. Gostas das fotas (que / quem) tenho?

ATIVIDADE
25·2

Match the English sentence to the Portuguese one.

1. Tenho uma amiga que conhece teu irmão. _____

2. O concerto que vamos ouvir começa às 8 horas. _____

3. Os amigos com quem estudamos estão doentes. _____

4. O restaurante onde vamos celebrar o fim do semestre é novo. _____

5. Não gosta do bairro onde vive. _____

6. Os meninos de quem fala não andam na nossa turma. _____

7. O ensino que recebemos é excelente. _____

8. A festa para que somos convidados é do meu primo. _____

9. O colégio onde ensina a minha mãe é só para meninas. _____

10. Aquelas são as senhoras que vejo todos os dias. _____

   a. The friends with whom we study are sick.

   b. The boys about whom you speak are not in our year group.

   c. The school where my mother teaches is just for girls.

   d. The concert we are going to listen to starts at 8:00.

   e. He doesn't like the district where he lives.

   f. The party to which we are invited is my cousin's.

   g. I have a friend who knows your brother.

   h. The restaurant where we're going to celebrate the end of term is new.

   i. The education we receive is excellent.

   j. Those are the ladies I see every day.

VOCABULÁRIO

Na praia (*At the beach*)

o mar	the sea
a areia	sand
a onda	wave
o guarda-sol / o para-sol	beach umbrella
o toldo / a barraca	beach shelter / windbreak
a espreguiçadeira	deckchair
o passeio marítimo / a beira-mar	promenade
a toalha de praia	beach towel
o chapéu de sol	sunhat
os óculos de sol	sunglasses
o protetor solar	sunblock
a bola de praia	beach ball
o balde	bucket

Relative pronouns: *that / which / who / whom / where* • At the beach   **111**

a pá	spade
a concha	shell
o castelo de areia	sandcastle
o caranguejo	crab
tomar sol	to sunbathe
mergulhar	to dive
brincar	to play

ATIVIDADE 25·3

Complete the following sentences with an appropriate relative pronoun.

1. A praia _____ passamos os domingos não é longe daqui.

2. Os senhores para _____ faço o bolo vão celebrar 20 anos de casamento.

3. Gosto das ondas _____ há no mar.

4. Paris é a cidade _____ ela vai trabalhar.

5. As crianças com _____ o nosso filho brinca são inglesas.

6. Esta carta _____ estou a escrever é para meu amigo.

7. A professora de _____ falo está ali na pastelaria.

8. O mar _____ mergulham não é perigoso.

9. A areia em _____ brincas é branca.

10. O hotel _____ vamos ficar é de 5 estrelas.

ATIVIDADE 25·4

Join the two sentences with an appropriate relative pronoun. The first one has been done for you as an example.

1. Os vinhos são para se provar. Eles são produzidos nesta região.
   Os vinhos que são produzidos nesta região são para se provar.

2. Vou ficar num hotel. Não sei o nome do hotel.

_____

3. Gosto do filme. O filme está a passar no cinema Tivoli.

   _____

4. João está a conversar com uma senhora. A senhora é a minha mãe.

   _____

5. Vou guardar os caranguejos num balde. O balde é vermelho.

   _____

6. Queremos tomar bebidas. O bar está fechado.

   _____

Making comparisons: *more (than) / less (than)* • Describing people

Making comparisons

There are two types of comparisons: comparison of equality and comparison of inequality. To say something is faster than, smaller than, or more expensive than something else, we use the comparison of inequality.* Portuguese uses the expressions "**mais** (+ *adjective*) **do que**" and "**menos** (+ *adjective*) **do que**" to compare two things.

ADJECTIVE	MORE . . . (THAN)	LESS . . . (THAN)
barato (*cheap*)	mais barato (do que) (*cheaper [than]*)	menos barato (do que) (*less cheap [than]*)
quente (*hot*)	mais quente (do que) (*hotter [than]*)	menos quente (do que) (*less hot [than]*)

Uses

- ◆ The same rules for forming adjectives apply to forming comparison: remember to make the adjective agree in number and gender with the main person or thing being compared.
- ◆ The use of "**menos . . . do que**" is not as frequent, depending on the situation.
- ◆ Comparatives can be used in isolation: *This beer is cheap; this one is (even) cheaper* (**Esta cerveja é barata; esta é [ainda] mais barata**).
- ◆ When the full comparison is made, it is often the case that the **do** of **do que** (*than*) is omitted: **mais barato que este** (*cheaper than this*).
- ◆ When comparing two adjectives (*She is more clever than sporty*), *than* is conveyed simply by **que**.

Irregulars

bom, boa, bons, boas (*good*)	melhor / melhores (do que) (*better [than]*)	menos bom, menos boa, menos bons, menos boas (*less good than*)
mau, má, maus, más (*bad*)	pior / piores (do que) (*worse [than]*)	menos mau, menos má, menos maus, menos más (*less bad than*)
grande(s) (*big, large*)	maior†, maiores (do que) (*bigger, larger [than]*)	menos grande, menos grandes (*less big than*)

---

*For an explanation of comparisons of equality (something is "as [+ *adjective*] as"), see Chapter 28. To compare how actions are carried out, see Chapter 39.
†You may still hear instances of **mais grande**, although it is considered bad grammar.

◆ The adjective **pequeno** (*small*) has an irregular form, **menor** (*smaller*), although in practice, the use of **mais pequeno** is widespread. Brazilians tend to favor the use of **menor**.

Examples

O José é mais alto do que o Miguel.	*José is taller than Miguel.*
Mary e Lulu são mais velhas do que Sandra.	*Mary and Lulu are older than Sandra.*
No norte da Inglaterra é menos quente do que em Portugal.	*In the north of England, it's less hot than in Portugal.*
Esta cerveja é barata; esta é (ainda) mais barata.	*This beer is cheap; this one is (even) cheaper.*
O meu carro é mais rápido que o teu.	*My car is faster than yours.*
Ela é mais inteligente que desportiva (BP esportiva).	*She is more clever than sporty.*
A nossa casa é maior do que a (casa) dos vizinhos.	*Our house is bigger than (the house of) our neighbors'.*
Estes caramelos são melhores.	*These toffees are better.*
A música moderna é pior que nunca!	*Modern music is worse than ever!*
Há divertimentos para os mais pequenos / os menores.	*There are distractions (entertainment) for the younger (ones).*

ATIVIDADE
26·1

*Make positive comparisons (**mais . . .**) between the two items given. The first one has been done for you as an example.*

1. Pedro: 1,60m / Francisco: 1,45m

   O Pedro é mais alto do que o Francisco. or O Francisco é mais baixo (short) do que o Pedro.

2. sapatos de couro: $300 / sapatos de plástico: $58

   _____

3. Hotel Santos: 52 reais por noite / Hotel Sheraton: 125 reais por noite

   _____

4. Ellen e Lucy: muito bonitas / Janet e Margaret: feias

   _____

5. Estocolmo (*Stockholm*): –10° / Madrid: 5°

   _____

6. Sofia: 28 anos / Teddy: 23 anos

   _____

7. o avião: 45 minutos / a camioneta (BP ônibus): 10 horas

   _____

8. o Estádio da Luz: moderno / a Grande Muralha da China: antiga

   _____

Complete the following sentences with irregular comparisons. The first one has been done for you as an example and shows you the pattern.

1. Este livro é bom, mas aquele é *melhor*.

2. As praias do Algarve são boas, mas a praia do Rio é _____.

3. Esta sopa está má; e essa está ainda _____.

4. As ondas da Califórnia são grandes, mas aquelas de Peniche são _____.

5. Aqueles bolos são pequenos, mas estes são ainda _____.

6. O meu castelo de areia é mau, mas o teu é _____.

7. Os filmes dela são bons; os deles são ainda _____.

8. Este caranguejo é pequeno, mas esse é ainda _____.

9. O nosso prato está mau, mas o vosso está _____.

10. A sua toalha é grande; a minha é _____.

VOCABULÁRIO

Descrever pessoas (*Describing people*)

gordo/a	fat	**cinzento / grisalho**	grey
magro/a	thin	**ser careca**	to be bald
o cabelo	hair	**os olhos**	eyes
comprido	long	**azuis**	blue
curto	short	**verdes**	green
liso	straight	**castanhos**	brown
encaracolado	curly	**a pele**	skin
louro	blonde	**claro/a**	fair
castanho	brunette, brown	**escuro/a**	dark
ruivo	red / ginger	**bronzeado/a**	tanned

Choose an appropriate expression from the list below to complete each sentence.

menos caro	mais gorda	mais rápido	bronzeado
pesadas	azuis	difícil	forte

1. Um Ferrari é _____ do que um Ford.

2. O hotel no centro é _____ do que o hotel com frente para o mar.

3. Mary come muitos bolos; ela é _____ que Patricia.

4. O japonês é mais _____ do que o inglês.

5. James sempre viaja na Espanha. Ele fica mais _____.

6. As batatas são mais _____ que os cogumelos.

7. Os olhos dela são mais _____ que verdes.

8. Prefiro um café. É mais _____.

ATIVIDADE
26·4

Translate the following sentences into Portuguese.

1. John is more sporty than musical.

_____

2. My daughters are fairer-skinned than their cousins.

_____

3. The train is faster.

_____

4. Anthony seems (**parece**) thinner this week.

_____

5. Are you taller than Peter?

_____

6. It's colder today.

_____

7. They (*f.*) have shorter hair than Joyce.

_____

8. We need a larger box.

_____

Superlatives • Sports

Superlatives

To talk about the tallest, smallest, etc., in Portuguese, you use the structures learned for making comparisons, plus the articles (**o, a, os, as**). The word order changes in certain circumstances, but the main thing to remember is to make the adjectives agree in number and gender with what is being referred to.

ADJECTIVE	THE MOST . . . OR THE . . . -EST	THE LEAST . . .* OR THE . . . -EST
alto	o mais alto/a mais alta os mais altos/as mais altas	o menos alto/a menos alta os menos altos/as menos altas
bom	o/a melhor os/as melhores	o menos bom/a menos boa os menos bons/as menos boas
mau	o/a pior os/as piores	o menos mau/a menos má os menos maus/as menos más
grande	o/a maior os/as maiores	o menos grande/a menos grande os menos grandes/as menos grandes

*Not used frequently in Portuguese.

Uses

- The word order for using regular adjectives is:
  the (**o/a, os/as**) + [*thing or person*] + **mais** (*or* **menos**) + [*adjective*]
- The word order when using **melhor, pior,** and **maior,** follows the English pattern:
  the (**o/a, os/as**) + [*best / worst / biggest*] + [*thing or person*]
- To express the tallest, shortest, etc., *in* the school, world, etc., use the word **de** (*of*) and its contracted forms with the definite articles (**do, da, dos, das** [*of the*]): **da (de + a) escola** (*of the school*).
- A noun may not always be obviously expressed, but adjectives must still agree with whatever has been omitted (e.g., *the shortest* [*boys*] *live in the city*: "boys" is masculine plural so the adjective must be masculine and plural).

Examples

Ela é a menina mais gorda.	*She is the fattest girl.*
Os livros mais interessantes são os mais velhos.	*The most interesting books are the oldest (ones).*
José é a pessoa menos ostentosa que conheço.	*José is the least showy person I know.*

Pelé foi o melhor jogador de futebol de sempre / todos os tempos.	*Pelé was the best soccer player ever / of all time.*
Este é o pior dia de que me lembro.	*This is the worst day that I remember.*
Esta avenida tem as maiores casas.	*This avenue has the largest houses.*
A Mariana e a Sara são as melhores alunas da turma.	*Mariana and Sara are the best pupils of the class (group).*
Ele é o ator mais famoso de Hollywood.	*He is the most famous actor in Hollywood.*
Foi o melhor dia da vida (dele).	*It was the best day of his life.*
Os mais ricos vivem nos condomínios.	*The richest live in the condos / gated communities.*
Todas as bailarinas são altas, mas ela é a mais alta.	*All the dancers are tall, but she is the tallest.*
O mais engraçado de sempre foi . . .	*The funniest of all time was . . .*

ATIVIDADE
27·1

*Complete the sentences, forming superlatives from the adjectives given in parentheses. Assume the positive (**mais**) is required.*

1. São Paulo é (grande) _____ cidade do Brasil.

2. Elas são as meninas (magro) _____ que conheço.

3. Amélia é a professora (simpático) _____ da escola.

4. Johnny tem os olhos (verde) _____ que podes imaginar

5. Estes são os exercícios (difícil) _____ da prova.

6. Tammy é (bronzeado) _____ da turma.

7. Esta camioneta é (lento) _____ da cidade.

8. Sandra, tu tens o cabelo (comprido) _____ do bairro!

9. Que bom! Estas são as botas (barato) _____.

10. Quem tem a pele (claro) _____?

ATIVIDADE
27·2

Complete the following sentences with the appropriate superlatives. The first one has been done for you as an example and shows you the pattern.

1. A Ana é mais nova do que a Paula. Ela é *a mais nova* da família.

2. Este castelo é muito antigo. É _____ da região.

3. A partida (*sports match / game*) é muito má. É _____ de todos os tempos.

4. Os irmãos são gémeos (BP gêmeos) (*twins*) e altos. São _____ da turma.

5. Este livro é aborrecido (*boring*). É _____ que tenho.

6. As malas estão muito pesadas. Estão _____ do grupo.

7. Aqueles jogadores são pobres. São _____ da equipa (BP do time).

8. Estas pedras preciosas são muito caras. São _____ da loja.

9. O bolo de chocolate é delicioso. De facto (BP fato), é _____ da pastelaria.

10. A minha mãe é uma mulher elegante. É _____ da cidade.

VOCABULÁRIO

Os desportos* (*Sports*)

o futebol	soccer, football
o ténis (BP o tênis)	tennis
o basquetebol (BP o basquete)	basketball
o atletismo	athletics
a natação	swimming
o golfe	golf
o voleibol (BP o vôlei)	volleyball
o hóquei	hockey
o jogador/a jogadora (de . . .)	player (of . . .)
o estádio	stadium
a piscina	pool
o ginásio	gym
jogar / praticar	to play (sports)
nadar	to swim
treinar	to train
ganhar	to win
perder	to lose
esquiar	to ski
praticar surfe (BP pegar onda)	to surf
mergulhar	to dive
correr (BP fazer cooper)	to run, jog

*BP Os esportes

ATIVIDADE 27·3

Choose an appropriate adjective from the list to complete the sentences, making sure you change the endings accordingly.

importante	pequeno	fácil	terrível
quente	nervoso	famoso	eficiente

1. O futebol é o esporte mais _____ do Brasil.

2. Filipa é a minha amiga mais _____ .

3. Eu gosto de nadar, mas a coisa mais _____ para mim é ganhar.

4. O comboio (BP trem) é o meio de transporte mais _____ .

5. Hoje as notícias são as mais _____ da semana.

6. Os desportos mais _____ são o voleibol e o ténis.

7. Vamos passar as férias no país mais _____ do mundo.

8. Estes são os sapatos mais _____ que há.

ATIVIDADE
27·4

Translate the following sentences into Portuguese.

1. He's the best soccer player in the USA.

_____

2. Today is the happiest day of my life.

_____

3. These are the sweetest apples in the market.

_____

4. That is the most expensive stadium ever (**já**) built (**construído**).

_____

5. I always buy the most expensive chocolate. It's the best!

_____

6. This is the quickest journey.

_____

7. Those tennis players are the richest and most famous of all time.

_____

8. Those are the largest trees (**árvores**) in the forest (**a floresta**).

_____

Comparisons: tão and tanto • The countryside

Tão and Tanto

When making comparisons of equality, we often use the construction "as . . . as." Portuguese uses the expression **tão . . . como** for that purpose. The word **tão** also has other meanings, such as *so* and *such*. Along with **tanto** (*so much, so many*), there are a variety of situations in which to use it. In this first-level course, we shall limit ourselves to a couple of the more typical uses.

Tão

- **tão . . . como** (*as . . . as*)
  tão + [*adjective*] + **como**

- **tão** (*so . . .*)
  tão + [*adjective*]

- **tão . . . que** (*so . . . that*)
  tão + [*adjective*] + **que**

Tanto

- **tanto** (*so much / so many*)

	SINGULAR	PLURAL	
masculine	tanto	tantos	+ *noun*
feminine	tanta	tantas	+ *noun*

- **tanto . . . que** (*so much / so many . . . that*)
  tanto, tanta, tantos, tantas + [*noun(s)*] + **que**

Uses

- **Tão** never changes form, but it introduces adjectives which do so.
- **Tanto**, in our focus in this chapter, changes form, working as an adjective itself and agreeing with the noun it is describing.
- In other circumstances you will find **tanto** in a non-changed form. Look for examples as you progress with your studies.

Examples

Mary é tão bonita como Joanne.	*Mary is as pretty as Joanne.*
Eles são tão ricos como o rei.	*They are as rich as the king.*
Hmm, este molho está tão saboroso!	*Mmm, this sauce is so tasty!*
Aquelas flores são tão lindas!	*Those flowers are so pretty!*
Eu estou tão cansado que não consigo trabalhar mais.	*I am so tired that I can't manage to work any more.*
Vocês são tão honestos que merecem uma recompensa.	*You are so honest that you deserve a reward.*
Meu Deus! Tanta chuva!	*My goodness! (My God!) So much rain!*
Não acredito! Há tantas pessoas na bicha (BP fila).	*I don't believe it! There are so many people in the queue.*
O Nuno tem tanto trabalho que não pode ir à festa.	*Nuno has so much work that he can't go to the party.*
Existem tantas maneiras de cozinhar o bacalhau que não sei qual escolher!	*There are so many ways to cook salted cod that I don't know which to choose!*

ATIVIDADE 28·1

Complete the sentences with the correct form of adjectives in parentheses.

1. Este vestido é tão (bonito) _____ como o outro.

2. Esta cerveja está tão (fresco) _____!

3. As poltronas (*armchairs*) são tão (confortável) _____ como o sofá.

4. Os resultados dos exames são tão (bom) _____ como os outros.

5. O meu amigo é tão (elegante) _____!

6. As professoras são tão (sério) _____!

7. Betty está tão (cansado) _____ como eu.

8. Os políticos são tão (indiferente) _____!

9. Este bolo é tão (bom) _____ como aquele.

10. Ela é tão (famoso) _____!

ATIVIDADE 28·2

*Complete the sentences with an appropriate form of **tanto**.*

1. Hoje faz _____ frio. Não vou nadar.

2. Porque é que não há _____ pessoas na rua?

3. Você joga _____ desportos (BP esportes).

4. _____ água! _____ ondas!

Comparisons: **tão** and **tanto** • The countryside   123

5. Esta casa tem _____ espaço.

6. Não consigo beber _____ cerveja.

7. Ela come _____ laranjas.

8. A minha equipa perde _____ partidas.

9. Na América do Sul há _____ estádios de futebol.

10. Há _____ pó na sala de jantar.

VOCABULÁRIO

O campo (*The countryside*)

o campo	field
o prado	meadow
a natureza	nature
o ambiente	environment
a paisagem	landscape / view
a monte / o morro / a colina	hill
a montanha	mountain
a encosta	hillside / slope
o ribeiro	stream
o rio	river
o lago	lake
o vale	valley
o bosque	wood
a trilha	trail / path
a ornitologia	bird-watching
as aves / os pássaros	birds
gostar (de) / desfrutar (de)	to enjoy
fazer passeios, passear	to go for walks, ramble
escalar, subir	to climb, go up
observar	to watch

ATIVIDADE 28·3

Match the two parts of the sentences.

1. A paisagem é tão bonita que . . . _____

2. Ela tem tantos estudos que . . . _____

3. Há tantas trilhas aqui que . . . _____

4. As crianças sentem-se tão doentes que . . . _____

5. Faz tanto frio que . . . _____

6. As botas são tão pequenas que . . . _____

7. O ambiente está tão barulhento que . . . _____

8. Amanhã vai ter tanta chuva que . . . _____

9. Ele vai fazer tantos passeios que . . . _____

10. Eu tenho tanta fome que . . . _____

    a. não quero nadar no lago.

    b. não servem para a Mary.

    c. vai desfrutar de toda a região.

    d. não vão fazer piquenique.

    e. não pode sair ao cinema.

    f. é fácil subir as montes.

    g. preciso de comer uma sandes (BP um sanduíche).

    h. gostamos de passar muito tempo nas montanhas.

    i. não querem comer gelados.

    j. é impossível observar as aves.

ATIVIDADE

28·4

*Complete the sentences with either **tão** or **tanto** (**tanta, tantos, tantas**).*

1. Há _____ trilhas neste bosque.

2. Por favor, não faça _____ barulho!

3. Ela precisa de fazer _____ bolos para a festa.

4. Graham vai estar _____ cansado hoje.

5. É impossível! _____ neve!

6. As flores são _____ bonitas.

7. Tenho _____ sorte em conhecer o Diogo.

8. O meu pai come _____ batatas.

9. Os bilhetes são _____ caros.

10. Ele tem _____ dinheiro.

Numbers • Measurements

Cardinal numbers

Numbers are a vital element of many everyday transactions you will need to carry out in another language. You need to study them carefully and memorize them—forwards, backwards, and sideways—until you can recall them automatically and at random. This chapter is divided into four sections: numbers 0–100, numbers in the 100s, numbers in the 1000s and above, and ordinal numbers.

Numbers 0–20

0	zero		
1	um/uma	11	onze
2	dois/duas	12	doze
3	três	13	treze
4	quatro	14	catorze (BP quatorze)
5	cinco	15	quinze
6	seis	16	dezasseis (BP dezesseis)
7	sete	17	dezassete (BP dezessete)
8	oito	18	dezoito
9	nove	19	dezanove (BP dezenove)
10	dez	20	vinte

Numbers 21–25 (formation pattern)

21	vinte e um/uma
22	vinte e dois/duas
23	vinte e três
24	vinte e quatro
25	vinte e cinco

This pattern is maintained throughout all the tens, through number 99.

Numbers 30–100 (in tens)

30	trinta	70	setenta
40	quarenta	80	oitenta
50	cinquenta	90	noventa
60	sessenta	100	cem

Uses

◆ Numbers 1 and 2 both have a masculine and feminine form (**um/uma**, **dois/duas**), which occur each time that digit is last in a sequence (21, 32, 142, 651, etc.). The masculine form is used in ordinary counting and with the currencies of Portugal (**o euro**), Brazil (**o real**), and the US (**o dólar**). Use the feminine form when referring to any feminine item or currency: the UK pound (**a libra**).

◆ Prices are usually expressed as **X dólares e Y**, or **X euros Y**, as you are used to in English:

$6.45 is expressed as: **seis dólares e quarenta e cinco**
€25.80 is expressed as: **vinte e cinco euros e oitenta**

Or even just **X e Y**:
£18.70 is expressed as **dezoito e setenta**

It is rare for the "cents" to be translated as such. In Brazilian Portuguese, "cents" are **centavos**, while in European Portuguese they are **cêntimos**.

◆ A round 100 is **cem**, but 101 + are expressed as **cento e um**, **cento e dois**, etc.

◆ To say "a hundred," just use **cem**, not **um cem**.

ATIVIDADE 29·1

Write out the following numbers in words.

1. 8 _____
2. 12 _____
3. 16 _____
4. 20 _____
5. 3 _____
6. 1 _____
7. 19 _____
8. 10 _____
9. 5 _____
10. 7 _____

ATIVIDADE 29·2

Translate the following phrases into Portuguese, and write out the numbers in words.

1. 31 pounds _____
2. 24 birds _____
3. 93 dollars _____

4. 60 lakes _____

5. 100 books _____

6. 42 mountains _____

7. 20 eggs _____

8. 77 fields _____

9. 56 euros _____

10. 85 valleys _____

Numbers 101 +

101	cento e um/uma	200	duzentos/duzentas
102	cento e dois/duas	300	trezentos/trezentas
125	cento e vinte e cinco	400	quatrocentos/quatrocentas
146	cento e quarenta e seis	500	quinhentos/quinhentas
163	cento e sessenta e três	600	seiscentos/seiscentas
178	cento e setenta e oito	700	setecentos/setecentas
182	cento e oitenta e dois/duas	800	oitocentos/oitocentas
199	cento e noventa e nove	900	novecentos/novecentas
		1.000	mil

Uses

- To form the numbers inbetween the hundreds, the pattern is: **X 100(s) e tens e units**, using the word for *and* (**e**) to join them together: *138 – one hundred <u>and</u> thirty <u>and</u> eight* (**cento e trinta e oito**).
- The hundreds from 200–900 have a masculine and feminine form; you only need the feminine if you are referring to that number of feminine items / people.
- 1,000 is referred to simply as **mil** and not **um mil**.

ATIVIDADE
29·3

Match the prices in the left column to the numbers on the right.

1. Setecentas libras _____   a. $186

2. Quinhentos e seis euros _____   b. £425

3. Cento e oitenta e seis dólares _____   c. R212

4. Trezentos e trinta e três dólares _____   d. €506

5. Novecentos e oitenta e um euros _____   e. $840

6. Quatrocentas e vinte e cinco libras _____   f. £700

7. Oitocentos e quarenta dólares _____   g. R1.000

Numbers 1,000 +

1,001	mil e um	18,000	dezoito mil
1,125	mil, cento e vinte e cinco	29,613	vinte e nove mil, seiscentos e treze
1,200	mil e duzentos	88,710	oitenta e oito mil, setecentos e dez
1,543	mil, quinhentos e quarenta e três	125,444	cento e vinte e cinco mil, quatrocentos e quarenta e quatro
2,000	dois/duas mil	983,206	novecentos e oitenta e três mil, duzentos e seis
5,000	cinco mil	1,000,000	um milhão

Uses

♦ **E** as the joining word between the digits appears after the thousands in the following circumstances only:
  (i) When the thousand is followed directly by a numeral from 1–100: 7.085 sete mil e oitenta e cinco
  (ii) When the thousand is followed by a numeral from 200–999, if the last two numbers are zeros: 25.300 – **vinte e cinco mil e trezentos**.

♦ In larger numbers, deal with each element in turn: *125.897–125 thousand, then work out the 897* (**cento e vinte e cinco mil, oitocentos e noventa e sete**).

♦ When expressing the date of a year, you must say the whole number, 1965, as one thousand, nine hundred and sixty five, and never just 19 65.

♦ For distances use the words: **quilómetro** (BP **quilômetro**) (*km*) and **milha** (*mile*).

♦ Portuguese often uses a full stop in numbers above a thousand, instead of a comma. Often, though, with higher numbers, you may see them written with spaces between clusters of digits: *1,500–1.500 / 25,678–25.678* or *25 678*.

♦ The opposite is true of the decimal point. Portuguese uses the comma instead of the decimal point used in English: *2.57–2,57*.

♦ This is also the case with prices: US$5.75 = 5,75 **dólares** / €18.30 = 18,30 **euros**.

ATIVIDADE
29·4

Write the following numbers in words.

1. 1.240 _____

2. 3.615 _____

3. 5.100 _____

4. 9.428 _____

5. 16.714 _____

6. 39.890 _____

7. 96.300 _____

8. 814.699 _____

9. 125.455 _____

10. 1.344.201 _____

Ordinal numbers

1st	primeiro(-a / -os/-as)
2nd	segundo
3rd	terceiro
4th	quarto
5th	quinto
6th	sexto
7th	sétimo
8th	oitavo
9th	nono
10th	décimo
11th	décimo primeiro
12th	décimo segundo
13th	décimo terceiro
14th	décimo quarto
15th	décimo quinto
16th	décimo sexto
17th	décimo sétimo
18th	décimo oitavo
19th	décimo nono
20th	vigésimo

Uses

* Ordinals agree in number and gender with the noun to which they refer. In the compound versions (**décimo primeiro, décimo segundo, vigésimo primeiro**, etc.), both parts of the number agree: **a décima oitava porta** (*the eighteenth door*).
* Ordinals are often abbreviated by using the appropriate number plus the last vowel of the number (**o** or **a**, depending on the gender of what is referred to). This is mainly seen in addresses: **Mora no 16° (décimo sexto) andar** (*He lives on the sixteenth floor*). Apart from street addresses, Portuguese ordinals are rarely used beyond the 10th.
* In reference to popes, royalty, and centuries, ordinals are used up to the 10th, and from there on, cardinal numbers are introduced. In both cases, the numbers follow the titles:

João Terceiro	John the Third
o século oitavo	the 8th century
Luís quinze	Louis XV (the French King)
o século vinte	the 20th century, but also **o vigésimo século**

As medidas (*Measurements*)

o milímetro	millimeter
o centímetro	centimetere
o metro	meter
o quilómetro (BP quilômetro)	kilometer
a polegada	inch
o pé	foot
a jarda	yard
a milha	mile
(pé, metro) quadrado	square (foot, meter)
o grama	gram
o quilograma	kilogram
a onça	ounce
a libra	pound
a tonelada	tonne
o mililitro	milliliter
o litro	liter
o pinto (BP quarilho)	pint
o galão	gallon
medir (a vezes b)	to measure (a $\times$ b)
pesar	to weigh

Telling the time

Telling time

Telling the time requires expressions to refer to what time it is, at what time something happens, "everyday" time, and the 24-hour clock. In all cases, you need to know numbers at least up to 60!

Que horas são? (What time is it?)

é uma hora	it's one o'clock
é meio-dia / meia-noite	it's midday / midnight
são duas (2) e dez (10)	it's 10 past two
são cinco e um quarto (BP cinco e quinze)	it's a quarter past five
são sete e meia	it's half-past seven
são cinco (5) menos um quarto *or* é um quarto para as cinco	it's a quarter to five (lit., it's five minus a quarter)
são oito menos vinte *or* são vinte para as oito *or* faltam vinte para as oito	it's twenty to eight (lit., it's eight minus twenty) (lit., there are lacking / missing 20 to 8)

Formally, especially when you may be informed of scheduled times, timetables, etc., you may also hear the words for hours and minutes: **são dez horas e vinte minutos**.

Examples

É uma hora. É hora de almoçar.	It's one o'clock. It's time to have lunch.
Vamos embora! Já são duas horas.	Let's be off! It's already two o'clock.
Sandra, são quatro e quinze, despacha-te!	Sandra, it's 4:15, get a move on!
É meia-noite e meia; a casa está em silêncio.	It's half-past midnight; the house is in silence.
Fique calmo! Ainda faltam vinte minutos para as oito.	Keep calm! It's still twenty to eight.
Preciso de ir; são dez menos um quarto.	I need to go; it's a quarter to ten.
Bom, são cinco para o meio-dia.	Right, it's five to twelve (midday).

Match the times to the clocks.

1. É meia-noite. _____
2. São cinco menos vinte. _____
3. São duas e meia. _____
4. São três e dez. _____
5. É uma e vinte e cinco. _____

6. São seis horas. _____
7. É meio-dia e um quarto. _____
8. É uma hora. _____
9. São vinte e cinco para as quatro. _____
10. Faltam dez para as oito. _____

(a)  (b)   (c)   (d)  (e)

(f)   (g)   (h)   (i)   (j)

A que horas? (At *what time?*)

A que horas parte / chega o comboio (BP trem)?	*At what time does the train depart / arrive?*
A que horas abre / fecha o banco?	*At what time does the bank open / close?*
à uma hora	*at one o'clock*
ao meio-dia / à meia-noite	*at midday / at midnight*
às cinco (5) e um quarto	*at a quarter past five*
às três (3) e meia	*at half-past three*
às oito (8) menos vinte	*at twenty to eight*
às dez menos um quarto	*at a quarter to ten*

For 24-hour clock times, the numbers are given in sequence as in English, separated in the middle by **e** (*and*): **às 21:55: às vinte e uma e cinquenta e cinco**

From . . . until . . .

da uma / do meio-dia / da meia-noite	*from 1 (o'clock) / from midday / from midnight*
das quatro (4) . . .	*from 4 (o'clock)*
(até)* à uma / ao meio-dia / à meia-noite	*until 1 / midday / midnight*
(até) às sete (7)	*until 7*
(até) às nove (9) e meia	*until 9:30*

---

*The word **até** (*up to, until*) is optional.

A partir de (*from . . . [onwards]*), is often used when describing when meals are served or when events may be running from: **serve-se o pequeno almoço a partir das sete e meia** (*breakfast is served from half-past seven [onwards]*).

Examples

O banco abre às oito e meia.	*The bank opens at 8:30.*
O museu fecha ao meio-dia.	*The museum closes at midday.*
O avião parte às dezanove e trinta.	*The plane departs at 19:30.*
O filme termina às dez horas.	*The film finishes at 10 o'clock.*
Serve-se o almoço a partir das doze horas.	*Lunch served from 12 o'clock.*
Bilhetes à venda a partir das quinze horas.	*Tickets are on sale from 3:00.*

ATIVIDADE
30·2

Translate the following sentences into Portuguese, saying what time each thing happens using the 24-hour clock given in parentheses. Follow the example.

EXEMPLO: The bus arrives at (18:32).

O autocarro (BP ônibus) chega às dezoito e trinta e dois.

1. The plane departs at (6:45). _____

2. The market opens at (8:10). _____

3. The stadium closes at (21:20). _____

4. The film starts at (19:15). _____

5. The concert finishes at (14:35). _____

6. Dinner served from (18:50). _____

7. Breakfast served from (7:30). _____

8. The game (match) starts at (17:40). _____

VOCABULÁRIO

As horas (*Time*)

o relógio	clock
o relógio (de pulso)	(wrist) watch
o despertador	alarm clock
digital	digital
o ponteiro (dos minutos / das horas)	hand (minute / hour)
da madrugada	in the early morning
da manhã	in the morning
da tarde	in the afternoon / early evening
da noite / à noite	at night
daqui a (uma hora / 10 minutos)	in (an hour / 10 minutes') time
daqui a pouco	soon

cedo	early
em ponto	exactly, on the dot
tarde / atrasado(a)	late
ficar tarde	to get late
durar / demorar / levar	to last / take time
atrasar-se	to delay / be late
chegar cedo / adiantar-se	to arrive early / be ahead
estar / começar / chegar na hora (certa) / a tempo	to be / start / arrive on time

ATIVIDADE 30·3

Choose an appropriate verb or a time from the list below to complete each sentence about someone's daily routine.

termina	vou para o trabalho	às 08:15	vou nadar
às 7 horas	o meio-dia	20:30 horas	a partir das

1. Levanto-me _____.

2. Tomo o pequeno-almoço (BP café da manhã)_____.

3. Às nove menos vinte _____.

4. Saio para almoçar entre _____ e a uma.

5. Às 17:30 o trabalho _____.

6. Às terças-feiras _____ entre as sete e as oito da noite.

7. Janto em casa às _____.

8. _____ dez horas vejo televisão e vou para a cama dormir.

ATIVIDADE 30·4

Translate the following sentences into Portuguese.

1. Do you have the time, please?

   _____

2. It's half-past one, on the dot.

   _____

3. I need to go now, it's already 3:15.

   _____

4. The gallery opens at 9:20 in the morning.

   _____

5. He arrives home at 3 in the early morning.

   _____

6. Lunch is served between 12:30 and 2:30 P.M.

   _____

7. There is music from 8 P.M. onwards.

   _____

8. She gets up late—it's already 8:10 A.M.

   _____

9. The alarm clock doesn't work. I'm going to arrive late.

   _____

10. The film lasts 1 hour and 35 minutes.

    _____

Prepositions, part 1: movement • Shops

Prepositions of movement

The word *preposition* hints at its function: it concerns itself with position, or place, be that in terms of movement, physical position, or place in time. This chapter looks at words connected with movement, such as *to, from, into, towards, by.* The structure of some of these words changes (they combine and contract) when they are followed by definite and indefinite articles and demonstratives (Chapter 21).

PREPOSITION	+ DEFINITE ARTICLE (O/A, OS/AS)	+ INDEFINITE ARTICLE (UM/UMA, UNS/UMAS)	+ DEMONSTRATIVES ESTE(S), ESSE(S), ESTA(S), ESSA(S), AQUELE(S), AQUELA(S), ISTO, ISSO, AQUILO
a (*to*)	a + o = ao a + a = à a + os = aos a + a = às (*to the . . .*)		a + aquele(s), aquela(s), aquilo = àquele(s), àquela(s), àquilo (*to that, to those.*)
de (*from,* *by [transport]*)	de + o = do de + a = da de + os = dos de + as = das (*from,* *by the . . .*)	de + um = dum de + uma = duma de + uns = duns de + umas = dumas (*from a / some . . .*)	de + este(s), esta(s) esse(s), essa(s) aquele (s), aquela(s), isto, isso, aquilo = deste(s), desta(s), desse (s), dessa(s), daquele (s), daquela(s), disto, disso, daquilo (*from this, that*)
em (*on, in* *[specified transport]*)	em + o = no em + a = na em + os = nos em + as = nas (*in the . . .*)	em + um = num em + uma = numa em + uns = nuns em + umas = numas (*in a / some . . .*)	em + este (s), esta(s), esse (s), essa(s), aquele (s), aquela(s), isto, isso, aquilo = neste (s), nesta(s), nesse (s), nessa(s), naquele (s), naquela(s), nisto, nisso, naquilo (*in this, that*)

(*continued*)

PREPOSITION	+ DEFINITE ARTICLE (O/A, OS/AS)	+ INDEFINITE ARTICLE (UM/UMA, UNS/UMAS)	+ DEMONSTRATIVES ESTE(S), ESSE(S), ESTA(S), ESSA(S), AQUELE(S), AQUELA(S), ISTO, ISSO, AQUILO
por* (by, through, nearby, along)	por + o = pelo por + a = pela por + os = pelos por + as = pelas (through the . . .)		
para* (to, towards, for)			

*Por and para are dealt with more fully in Chapters 37 and 38.

Uses

- ◆ **A casa** means "(in the direction of) home."
- ◆ **À escola** means "to (the) school," and **ao colégio** means "to (the) college."
- ◆ **A pé** means "on foot."
- ◆ **A cavalo** means "on horseback, by horse."
- ◆ **Sair da casa** means "to leave *from* the house."
- ◆ For means of transportation (e.g., by bus, by train, general method of transport), use **de**.
- ◆ For specific transportation (e.g., on the 8:30 train, on a BA plane), use **em (no, na,** etc.).
- ◆ Use **para** (*to*) for a longer duration of stay, and **a** (*to*) when a visit is generally shorter.
- ◆ **Para** is used for the destination of transportation: *the train for (to) New York* (**o comboio [BP trem] para Nova Iorque**).

Examples

Amanhã eles não vão à escola.	*Tomorrow they are not going to school.*
Gosto de voltar para casa a pé.	*I like going home on foot.*
Ela sai do escritório às 17 horas.	*She leaves the office at 5 o'clock.*
Você gosta de viajar de autocarro (BP ônibus)?	*Do you like travelling by bus?*
Sempre vamos no comboio (BP trem) das 8:30.	*We always go on the 8:30 train.*
A senhora desce por aqui e passa por aquela rua ali.	*You go down (through) here and pass through / by that street over there.*
A linha ferroviária passa pela casa da minha mãe.	*The railway line passes near / by my mother's house.*
No próximo ano, Pedro vai viver para a Chile.	*Next year, Pedro is going to Chile to live.*
A camioneta para Santiago parte daqui a dez minutos.	*The coach to Santiago departs in 10 minutes' time.*

ATIVIDADE
31·1

*Complete each sentence with **a**, **por**, or **para**, contracted with the articles if necessary.*

1. Preciso de dinheiro. Vou ter que ir _____ banco.

2. A nova autoestrada passa _____ minha casa.

3. Aos sábados, gosto de ir _____ piscina nadar.

4. Não se sente bem. Vai voltar _____ casa.

5. Saio da casa às 7:30 e volto _____ casa para almoçar.

6. Vamos andar _____ parque a caminho para (*on the way to*) o centro.

7. O José quer ir estudar _____ Inglaterra.

8. O senhor toma a primeira à direita e passa _____ avenida.

9. Não podemos ir _____ correios porque não temos tempo.

10. Por favor, este trem vai _____ São Paulo?

ATIVIDADE

31·2

*Complete the sentences with **em** or **de**, contracted with articles if necessary.*

1. Eles voltam _____ Brasil, atrasados, na segunda-feira.

2. Está a ficar tarde; quer ir _____ minha moto?

3. Vou para a praia _____ bicicleta do meu irmão.

4. Nunca saio _____ casa antes (*before*) das 8 horas da manhã.

5. Precisamos de voltar _____ hospital _____ táxi.

6. Daqui a três horas, ela vai viajar _____ este avião do VARIG.

7. Para a praça da Independência tem que ir _____ autocarro No. 3.

8. Como prefere viajar? Eu? Pois sem dúvida (*without a doubt*) _____ metro (BP metrô).

9. Vocês vão como? Nós vamos _____ carro da Paula.

10. A Marina sempre volta _____ trabalho às 5 em ponto.

VOCABULÁRIO

As lojas* (*Shops*)

o centro comercial (BP o shopping)	shopping mall
o grande armazém (BP o magazine)	department store
a florista	florist shop
o quiosque / a tabacaria	newsstand / kiosk
a padaria	bakery
a peixaria	fishmonger's
a mercearia	grocer
a joalharia / a ouriversaria	jeweller / goldsmith
a loja de música	music store
a loja de mobílias / móveis	furniture store
a loja de ferragens	hardware store
a loja de comida natural / comida macrobiótica	health food store
a loja de artigos desportivos (BP esportivos)	sports store

*See also Chapter 15.

a confeitaria	confectioner's
o oculista	optician's
a papelaria	stationer's
fazer as compras	to do the shopping
ir às compras	to go shopping
comprar	to buy
gastar	to spend

ATIVIDADE 31·3

Complete the following sentences with the most appropriate preposition.

1. Vamos _____ centro comercial?

2. Vais passar _____ confeitaria e comprar bolos?

3. O avião _____ Madrid vai chegar atrasado.

4. Quando faço as compras, prefiro ir _____ pé.

5. Nunca viajamos _____ carro dos amigos.

6. Para (*In order to*) chegar _____ aquele banco, tem de passar _____ esta rua.

7. A florista fica um pouco longe. Vou lá _____ autocarro.

8. Preferem ir _____ comboio (BP trem) das 15:30 horas.

9. Ele está tão doente que vai voltar _____ casa.

10. Ela volta _____ lojas cansada.

ATIVIDADE 31·4

Translate the following sentences into Portuguese.

1. We want to go to the swimming pool today.

   _____

2. He loves walking along the beach.

   _____

3. I'm going to the fishmonger's, then (I'm going) home.

   _____

4. When I come out of work, I like to go shopping.

   _____

5. Tomorrow she's going to the stationer's in order (**para**) to buy a dictionary.

_____

6. We're leaving on the 10:30 boat.

_____

7. Are you (*sing., fam.*) going to Canada to live?

_____

8. Bus No. 10 passes by the music store.

_____

9. It's cheaper to travel by metro.

_____

10. When I leave the shopping mall, I need to go home by taxi.

_____

Prepositions, part 2: place • Furniture

Prepositions of place

Prepositions of place indicate where something or someone is, either as a permanent fixture or just temporarily. Typical words include: *in, on, under, inside*. Some of these may overlap with words learned in the previous chapter, but they are used in different situations. There are many possibilities—we'll feature some of the most common.

Preposition

a (*plus contracted forms:* **ao**, **às**, etc.)	*at / by, on, in*
em (*plus contractions*)	*in, on / at*
em cima (de) (*plus contractions*)	*on top (of)*
(por) dentro (de)	*inside, within, in*
(por) fora (de)	*outside*
debaixo (de) / (BP embaixo [de])	*under, underneath, below*
ao lado (de)	*next to, at the side (of)*
em frente (de)	*opposite, in front (of)*
à frente (de)	*in front (of), at the front (of)*
atrás (de)	*behind*
entre	*between, inbetween*
perto (de)	*near, near to*
longe (de)	*far (from)*
no meio (de)	*in the middle (of)*

Uses

- **À esquerda / à direita** means "on, to the left / right."
- **Ao sol / à sombra** means "in the sun / shade."
- **Em casa** means "at home" and **na casa** means "in the house."
- All the expressions followed by (**de**) use the preposition on its own when not referring to a specified place: *it's on top; she's outside* (**está em cima; ela está [por] fora**).
- Use the preposition with **de** (**do, da**, etc.) when the reference is to a specific location (i.e., a noun is used): *it's on top of the bookcase; she's outside the restaurant*.

Examples

Qual filme está a passar ao cinema (BP está passando no cinema)?	What movie is showing at the cinema?
Ela mora em Chicago numa casa antiga.	She lives in Chicago in an old house.
O vaso está em cima da estante.	The vase is on top of the bookcase.
Maria está a esperar (BP está esperando) dentro do restaurante, mas Manuel está lá fora.	Maria is waiting inside the restaurant, but Manuel is there outside.
Onde estão os sacos? Debaixo (BP Embaixo) da mesa.	Where are the bags? Under the table.
A padaria é ao lado da biblioteca.	The baker's is next to the library.
Esta loja não vende jornais; então vou à loja em frente.	This shop doesn't sell newspapers; in that case, I'm going to the shop opposite.
Um carro muito lento vai à frente do nosso táxi.	A really slow car is going at the front (is in front) of our taxi.
Atrás da casa há um quintal com árvores.	Behind the house there is a yard with trees.
Sandra está sentada entre Peter e Michael.	Sandra is seated between Peter and Michael.
A galeria de arte fica perto? Não, fica longe daqui.	Is the art gallery nearby? No, it's a long way from here.
A bola está no meio da lama.	The ball is in the middle of the mud.

ATIVIDADE 32·1

Write where the black circle is in relation to the square. The first one has been done for you as an example.

1. •□ Está __à esquerda__.

2. □ Está _____.

3. □• Está _____.

4. □ Está _____.

5. ⊡ Está _____.

6. □ • □ Está _____.

ATIVIDADE 32·2

Complete the following sentences using the prompts given in parentheses, and supply the correct preposition. Remember to use contracted forms when necessary.

1. Gasto todo o meu dinheiro no shopping (*near*) _____ minha casa.

2. Não quero uma mesa (*by*) _____ porta.

3. O quiosque fica (*between*) _____ a florista e a joalharia.

4. As chaves estão (*inside*) _____ carro.

5. Para o oculista? Pois, vira aqui (*to*) _____ esquerda.

6. Eles estão (*in*) _____ sala de estar, a ver televisão.

7. A loja de ferragens não é (*far*) _____ centro.

8. (*opposite*) _____ o hotel há uma praia bonita.

9. O restaurante do grande armazém é (*on top*) _____, no 8° andar.

10. (*outside*) _____ a cidade não tem muitas lojas.

VOCABULÁRIO

Os móveis / a mobília (*Furniture*)

o sofá	sofa / settee
a cadeira	chair
a poltrona	armchair
a cama	bed
a estante	bookcase
o guarda-roupa / o guarda-fatos	wardrobe
o armário	cupboard (*also* cabinet / wardrobe)
a prateleira	shelf
a gaveta	drawer
a escrivaninha / a secretária	desk
a mesa de cabeceira	bedside table
a cómoda	chest of drawers
o toucador	dressing table
a banheira	bathtub
a sanita (BP o vaso sanitário)	toilet
a bacia / o lavatório (BP a pia)	sink, washbasin
limpar	to clean
limpar / tirar o pó (de)	to dust
dar brilho (a)	to polish
esfregar	to scrub

ATIVIDADE 32·3

Write the opposites of the following statements. The first one has been done for you as an example.

1. O gato está em cima da cama.   *O gato está debaixo da cama.*

2. A estante está à esquerda da janela.   _____

3. Os meninos estão à frente da Maria.   _____

4. Paulo está fora da biblioteca.   _____

5. Eu moro longe de Lisboa.   _____

6. O cão dorme atrás do sofá. _____

7. A mesa de cabeceira está à direita da cama. _____

8. As chaves estão dentro da gaveta. _____

ATIVIDADE
32·4

Translate the following sentences into Portuguese.

1. When it's hot, it's better to sit in the shade.

_____

2. My cat sleeps in the armchair.

_____

3. You need to clean behind the cupboard.

_____

4. Amongst all the books, Ana has one she adores.

_____

5. The swimming pool is very near (to) our house.

_____

6. I'm going to scrub the shelf in the kitchen.

_____

7. There is a new bookshop opposite the post office.

_____

8. They live in the old square in Curitiba.

_____

9. I have a box of photos on top of the wardrobe.

_____

10. John is going to wait outside the hospital.

_____

Prepositions, part 3: time • Expressions of time

Commonly-used time expressions

The prepositions **a**, **de**, **em**, **para**, and **por** are also commonly used in expressions of time, such as: *on (such a day), at (such a time), in (such a month),* etc.

PREPOSITION	MAIN MEANINGS / USES WITH TIME
a	on dates, days, habitual or scheduled times (timetables) at a certain time (hours, at night) in (the afternoon)
de	of months in (year) from . . . to . . . in the morning, afternoon, evening with hours
em	on dates, using **dia**, specific days at (festive dates) in seasons, months, specific years, centuries
para	for / by a specific time next year, week, etc. time to the hour
por	about / around an approximate time for a period of time
antes de	before
depois de	after (time, days, dates)
a partir de . . .	from . . . onwards

*For a more detailed account of the uses of **por** and **para**, see Chapters 37 and 38.

Uses

- ◆ Don't forget the usual contracted forms when following **a**, **de**, **em**, **por** with articles and demonstratives, which were presented in Chapter 31.
- ◆ There are some overlaps in usage; often personal preference may determine which version you may encounter. As always, be aware of examples when you are reading or take your cue from people around you using the language.

Examples

Faço anos (BP o meu aniversário é) a (BP em) 10 de março.	It's my birthday on the 10th of March (on March 10th).
Há visitas guiadas aos sábados e às terças-feiras.	There are guided visits on Saturdays and Tuesdays.
O concerto vai terminar às 22 horas.	The concert is going to finish at 10:00.
Só trabalho à tarde.	I only work in the afternoon.
A celebração tem lugar a 15 de setembro.	The celebration is taking place on the 15th of September (on September 15th).
A data significativa é o 25 de abril de 1974.	The important date is the 25th of April (April 25th,) 1974.
Temos férias escolares de julho a setembro.	We have school vacations from July to September.
Trabalham das oito (horas) à uma (hora).	They work from 8 (o'clock) to 1 (o'clock).
A que horas parte o barco? Às 5 da tarde.	At what time does the boat depart? At 5 in the afternoon.
O novo filme estreia no dia 18 de novembro.	The new film is released / shows on the 18th of November (on November 18th).
Recebes ovos de chocolate na Páscoa?	Do you receive chocolate eggs at Easter?
Ela vai viajar na primavera.	She is going travelling in (the) spring.
Quando é que os Estados Unidos foram fundados? No século 18.	When were the United States founded? In the 18th century.
Precisa deste trabalho para as 9 horas em ponto.	He needs this work for 9 o'clock sharp.
Na próxima semana eles vão para o campo.	Next week they are going to the countryside.
São cinco para as oito.	It's five to eight.
A exposição termina pelo fim de janeiro.	The exhibition finishes towards the end of January.
Posso ficar com o martelo por umas horas?	Can I keep the hammer for a few hours?
Precisamos de voltar a casa antes das seis horas.	We need to return home before 6 o'clock.
Vou estar livre depois da quarta-feira.	I'm going to be free from Wednesday (onwards).
Eles só podem viajar a partir de julho.	They can only travel from July (onwards).

ATIVIDADE
33·1

*Complete the phrases with the correct forms of **a**, **de**, or **em**.*

1. _____ 8 _____ dezembro

2. 5 _____ maio _____ 1983

3. _____ abril

4. _____ domingos

5. _____ 1943

6. _____ agosto a outubro

7. _____ 18:30

8. _____ dia 17 _____ julho _____ 2013

9. à uma hora _____ tarde

10. _____ Natal

*Complete the sentences with the correct forms of **por**, **para**, **antes**, or **depois**.*

1. Provavelmente voltamos com a nova estante lá _____ seis horas da tarde.

2. Não volto _____ do domingo.

3. Só bebo álcool _____ das 19 horas.

4. A partida do voo está prevista _____ o meio-dia.

5. Vão viajar _____ uma semana.

6. Ela vai ter que ficar no hospital _____ uns dias.

7. Só podem entrar _____ do meio-dia.

8. Eles nunca se levantam da cama _____ das 7:30.

9. São vinte _____ as quatro; ela ainda tem que esfregar a bacia.

10. Esta semana preciso de limpar a casa toda, mas _____ a semana vou viajar.

VOCABULÁRIO

Expressões de tempo (*Expressions of time*)

hoje	today
ontem	yesterday
amanhã	tomorrow
anteontem	the day before yesterday
depois de amanhã	the day after tomorrow
esta semana	this week
a / na semana passada	last week
a / na próxima semana	next week
a primavera	spring
o verão	summer
o outono	autumn
o inverno	winter
uma quinzena / 15 dias	a fortnight
a década	decade
o século	century
diário, diariamente	daily
semanal, semanalmente	weekly
mensal, mensalmente	monthly
anual, anualmente	annual
o tempo voa	time flies

ATIVIDADE 33·3

Choose an appropriate time expression from the list below to complete each sentence.

ano 1200	manhã	diariamente	um mês
em	dezembro	para	outono

1. Vamos alugar um apartamento por _____.

2. No _____ o teu filho começa na escola?

3. Não existem documentos que datam de antes do _____.

4. Depois de amanhã é o dia 10 de _____.

5. Ela faz anos _____ novembro.

6. Ná próxima semana ela só trabalha de _____.

7. O bolo tem que estar pronto _____ sábado.

8. Eles trabalham das 9 horas às 5 _____.

ATIVIDADE 33·4

Complete the following sentences with the most appropriate time expressions.

1. São quinze _____ a meia-noite; como o tempo voa!

2. _____ o ano, a Maria vai voltar para Portugal.

3. Trabalham _____ segunda-feira _____ quinta.

4. Compro uma revista semanal; sai _____ quintas-feiras.

5. O exame é _____ 3 de setembro.

6. É melhor visitar _____ almoço, talvez pelas 14:00.

7. Telefone-me esta semana, mas só _____ noite.

8. O que fazem _____ Natal?

9. Não sabemos a que horas chega; possivelmente _____ 5 horas _____ manhã.

10. Acha interessante viver _____ século XXI?

Prepositions + verbs / verbs + prepositions • Eating and drinking

Prepositions + verbs

Many of the prepositions you have learned can be used in expressions followed by verbs, such as: *before going out, after eating,* etc. In Portuguese, the verbs in these cases need to be in the basic infinitive form.

There are also many verbs which are followed by a preposition. Some of these mirror the English expressions, but others may take a completely different preposition in Portuguese.

Common examples

antes de . . .	*before . . . -ing*
depois de . . .	*after . . . -ing*
para	*in order to*
sem	*without*
além de	*as well as, in addition to*
até	*until*
ao . . .	*on . . . -ing*
entre	*between*

Examples

Antes de comer, não se esqueçam de lavar as mãos!

Before eating, don't forget to wash your hands!

Vou para casa depois de fazer as compras.

I'm going home after doing the shopping.

Vamos para a frente das pessoas para ouvir melhor.

Let's go to the front of the people in order to hear better.

Ela sempre entra na casa sem limpar os pés!

She always goes into the house without wiping her feet!

Tenho uma vida muito corrida; além de ser atriz, também cuido de cinco cavalos!

I have a very busy life; as well as being an actress, I also look after five horses!

Ele tem que ficar no estúdio até gravar o novo CD.

He has to stay in the studio until recording (until he records) his new CD.

Ao refletir, a decisão de não participar é boa.

On reflecting, the decision not to take part is a good one.

É quase impossível escolher entre fazer ginástica ou correr na praia.

It's almost impossible to choose between doing exercises or running on the beach.

150

Verbs + prepositions: Typical examples

- ◆ Often the preposition is different from that used in English.
- ◆ If an article / demonstrative pronoun follows the preposition, use the relevant contracted form.
- ◆ Often reflexives and even some prepositions are omitted by some people, especially in the spoken language.

VERBS + A		VERBS + DE	
ajudar a	*to help to*	**lembrar-se de**	*to remember*
começar a	*to begin to*	**esquecer-se de**	*to forget*
decidir-se a	*to decide to*	**gostar de**	*to like*
acostumar-se a	*to get used to*	**precisar de**	*to need*

VERBS + EM		VERBS + POR	
pensar em	*to think of / about*	**acabar por**	*to end up (by) . . . -ing*
acreditar em	*to believe in*	**começar por**	*to begin (by) . . . -ing*
acabar em	*to end up in / as*	**dar por**	*to notice*

VERBS + PARA		VERBS + COM	
dar para	*to overlook (place)*	**casar-se com**	*to get married to / with*
olhar para	*to look at*	**encontrar-se com**	*to meet (up) with*
sorrir para	*to smile at*	**sonhar com**	*to dream about*

Examples

Nunca vou me acostumar ao calor aqui.
Às dez horas José começa a consertar o micro-ondas.
Lembras-te do último ano do colégio?
Vocês gostam de cortar a relva (BP a grama)?
Ela acredita em se esforçar em tudo.
Tudo vai acabar em desastre!
Começamos por misturar todos os ingredientes e acabamos por comer o bolo!
Às vezes não dou pelos detalhes.
O nosso quarto dá para o mar.
A estrela do filme está a sorrir para a multidão.
Tu nunca sonhas com ser presidente?
Vou encontrar-me com a minha amiga na cervejaria.

I'm never going to get used to the heat here.
At 10 o'clock José starts to fix the microwave.
Do you remember the last year in college?
Do you like cutting the lawn?
She believes in trying hard in everything.
It's all going to end in disaster!
We start by mixing all the ingredients and end up (by) eating the cake!
Sometimes I don't notice the details.
Our room overlooks the sea.
The star of the film is smiling at the crowd.
Don't you ever dream about being president?
I'm going to meet my friend at the brewery.

ATIVIDADE
34·1

Translate the following phrases into Portuguese.

1. before drinking _____
2. in order to think _____
3. until arriving _____
4. between reading and watching TV _____

5. after explaining   _____

6. on telephoning   _____

7. without paying   _____

8. as well as buying   _____

9. on seeing   _____

10. in order to speak   _____

ATIVIDADE
34·2

Complete the following sentences with the correct prepositions.
Use contractions when necessary.

1. Depois de amanhã vou começar _____ trabalhar no hospital.

2. Ele nunca dá _____ pássaros no jardim—que pena!

3. No inverno ela sonha _____ os dias mais quentes do verão.

4. A minha empregada doméstica ajuda-me _____ arrumar a casa.

5. Vamos passar 15 dias num apartamento que dá _____ as montanhas.

6. Vocês gostam _____ comida rápida?

7. Hoje eles precisam _____ comprar os bilhetes.

8. Quando penso _____ você, fico muito feliz.

9. Acreditas _____ ideia de fazer exercício diariamente?

10. Sara vai se casar _____ Peter na primavera.

VOCABULÁRIO

Comer e beber (*Eating and drinking*)

a bebida (não) alcoólica	(non) alcoholic drink
a batida	milkshake
o refrigerante	soft drink
o sumo (BP o suco) de frutas	fruit juice
a comida . . .	food . . .
típica	typical
orgânica / macrobiótica	health
vegetariana	vegetarian
italiana	Italian
japonesa	Japanese
chinesa	Chinese
cremoso/a	creamy

temporado (com)	spiced (with)
gostoso / saboroso	tasty
insosso/a	bland
doce	sweet
convidar	to invite / to treat
pedir	to order
provar / experimentar	to try
É uma delícia!	It's delicious!

ATIVIDADE
34·3

Complete the following sentences with the most appropriate prepositions.

1. Quer um pouco de queijo _____ experimentar?

2. Então, gostas _____ comida japonesa?

3. _____ jantar, gostamos de tomar café.

4. Faça favor! Pode ajudar-nos _____ escolher a comida?

5. Todos os sábados ela se encontra _____ a irmã _____ almoçar.

6. _____ beber bebidas alcoólicas, ela também gosta _____ refrigerantes.

7. Tenho a certeza de que aquela menina está a olhar _____ mim.

8. Precisamos _____ adicionar sal; está um pouco insosso.

ATIVIDADE
34·4

Translate the following sentences into Portuguese.

1. You (*sing., pol.*) need to try this Italian food; it's delicious!

_____

2. You (*pl.*) cannot leave without paying.

_____

3. She always forgets the milk.

_____

4. I'm going into town (in order) to buy a book.

_____

5. When they all go out to dinner, it always ends up as a party.

_____

6. On seeing Nick, Polly hides in the bank.

_____

7. She's pregnant (**grávida**); she dreams of creamy food every day.

_____

8. Do you (*sing., fam.*) remember that beach in Bahia?

_____

Com + pronouns • Current events

35

Com + pronouns

The word for *with* (**com**) is used with pronouns to designate "with me," "with you," etc. Some of the combinations in Portuguese contract to form a single word.

SUBJECT PRONOUN	COM + *PRONOUN*
eu	comigo (*with me*)
tu	contigo (*with you*)
ele	com ele (*with him, with it*)
ela	com ela (*with her, with it*)
você	consigo (*with you*)
o senhor/a senhora	consigo / com o senhor/com a senhora (*with you [pol.]*)
nós	connosco (BP conosco) (*with us*)
[vós	convosco (*with you*)]
eles	com eles (*with them [m.]*)
elas	com elas (*with them [f.]*)
vocês	com vocês, consigo (*with you [pl., fam.]*)
os senhores/as senhoras	convosco (*with you [pl., pol.]*)

Uses

- Remember that **vós** is a rarely-used pronoun these days; however, note that the word **convosco** is now used as the polite plural form "with you."
- *It* is always either a masculine or feminine word in Portuguese, depending on the gender of the object itself.
- *Them* also depends on gender and may refer to things as well as people.
- Brazilians usually say **com você** instead of **consigo**.
- **Consigo** can be used in the singular and the plural.
- **Com** can still be used with names and objects as the normal way to say "with."
- The Portuguese verb **falar** (*to talk*) takes **com** after it as you talk *with* someone, not *to* them.

Examples

Quem vai comigo?	*Who's coming (going) with me?*
Quero falar contigo em particular.	*I want to talk with you in private.*
Podemos ir consigo? Você não tem medo.	*Can we go with you? You aren't scared.*

O nosso guarda vai com o senhor para verificar os detalhes.	Our guard will go with you sir to check the details.
Joana adora a irmã mais nova e faz tudo com ela.	Joana adores her younger sister and does everything with her.
Vocês não conseguem escrever com ele?	Can't you manage to write with it?
Eles estão a viver connosco (BP vivendo conosco) porque não têm casa.	They are living with us because they don't have a house.
Vocês não sabem o caminho? Bom, então Luís vai consigo / com vocês.	Don't you know the way? OK then, Luís will go with you.
Temos muito prazer em estar cá hoje convosco.	We are very pleased to be here with you today.
Onde estão os óculos de sol? Sempre saio da casa com eles.	Where are my sunglasses? I always leave the house with them.
João não vai à festa com elas.	John is not going to the party with them.
Você tem certeza de que pode contar com os amigos?	Are you sure that you can count on your friends?
Tu vais passar as férias com a tua prima?	Are you going to spend the vacation with your cousin?
O Miguel sempre joga futebol com o Paulo.	Michael always plays football with Paul.
Acho muito lindo quando a cidade está enfeitada com as luzes de Natal.	I think it's really pretty when the city is decorated with the Christmas lights.

ATIVIDADE
35·1

*Complete each sentence with the correct form of **com** with the pronouns, names, or nouns given in parentheses.*

1. Mary quer falar . . . (a) (tu) _____.
   (b) (Pedro) _____.
   (c) (os senhores) _____.

2. John não quer se casar . . . (a) (eu) _____.
   (b) (a senhora) _____.
   (c) (Monica) _____.

3. Você pode contar . . . (a) (nós) _____.
   (b) (elas) _____.

4. Vamos sair . . . (a) (ele) _____.
   (b) (vocês) _____.

ATIVIDADE
35·2

*Complete the following sentences with the correct form of **com** + pronoun, according to the subjects in parentheses.*

1. Convido você para vir jantar (eu) _____.

2. Sally não pode contar (você) _____.

3. Vamos provar a comida vegetariana (Pedro e Marco) _____.

4. Os meus pais vão se encontrar (as senhoras) _____ hoje.

5. Bobby vai ao bar (ela) _____ mas só bebe refrigerantes.

6. Vocês querem vir à praia (nós) _____?

7. Gostas deste peixe temperado? Acho bom beber muita água com (it) _____.

8. O senhor não sabe onde é o hospital? Entao vou lá (o senhor) _____.

9. É sempre divertido experimentar esta comida típica (tu) _____.

10. Podemos ir à festa (vocês) _____?

Os temas atuais (*Current affairs*)

as notícias	the news
o telejornal	TV news broadcast
a política	politics
a guerra em . . . / contra . . .	the war in . . . / against . . .
a luta contra . . .	the fight against . . .
. . . a pobreza	. . . poverty
. . . o racismo	. . . racism
. . . o sexismo	. . . sexism
. . . o preconceito	. . . prejudice
. . . o aquecimento global	. . . global warming
. . . a poluição	. . . pollution
o (meio) ambiente	environment
a economia (global)	(world) economy
a austeridade fiscal	economic austerity
alertar / advertir	to warn
debater	to debate, discuss
lutar por / combater	to fight for / combat
criticar	to criticise
protestar (contra)	to protest (against)
concordar / não concordar com	to agree / disagree with

ATIVIDADE
35·3

Translate the following sentences into Portuguese.

1. The fight against poverty continues. Do you (*sing., fam.*) agree with me?

_____

2. Where's the cat? Jack's with it in the kitchen.

_____

3. We're going to protest against racism. Are you (*pl.*) coming with us?

_____

4. Do you (*sing.*) always stay with them in the summer?

_____

5. I want to speak with you (*pl., pol.*) about the economy.

_____

6. She never dreams about him.

_____

7. She has to stay home today with her children, so she's watching the news.

_____

8. Can I count on you (*sing., fam.*) for the dinner?

_____

9. John is going to London with Veronica to debate the environment with politicians.

_____

10. Who's coming with us to the cinema?

_____

Prepositions + pronouns •
The airport

36

Prepositions + pronouns

In addition to **com**, other prepositions combine with some pronouns in the following ways:

SUBJECT PRONOUN	PRONOUN FOLLOWING THE PREPOSITION
eu	mim
tu	ti
ele	ele, si
ela	ela, si
você	você, si
o senhor/a senhora	o senhor/a senhora, si
nós	nós
[vós	vós]
eles	eles, si
elas	elas, si
vocês	vocês, si
os senhores/as senhoras	os senhores/as senhoras, si

COMMON PREPOSITIONS*
de
a
em
sem (*without*)
por
para
sobre (*about*)
até
por volta de (*around*)
perto de

*See Chapters 31–33.

Uses

- ◆ Brazilians tend to use **você / vocês** for the preferred object pronoun (i.e., following the verb) to mean "you."
- ◆ **Si** can be singular or plural, depending on context, and often conveys the idea of "self" (*himself, themselves*, etc.).
- ◆ Prepositions will contract in the usual way: **de + os senhores = dos senhores**.

- ◆ De + em combine with **ele, ela, eles, elas** to form **dele, dela, deles, delas**, and **nele, nela, neles, nelas**.
- ◆ *It* is either **ele** or **ela**; *itself* is **si**.
- ◆ Remember that prepositions may occur in various contexts (place, time, movement), including with verbs (see Chapters 31–34).
- ◆ **Por** and **para** are covered more fully in the next two chapters.

Examples

Eles estão a falar (BP falando) de mim.	*They are talking about me.*
Que bom! Este cartão foi feito por ti?	*How lovely! Was this card made by you?*
"Parabéns a você, nesta data querida!"	*Happy Birthday to you (i.e., the first line of the song)!*
Esta encomenda é para si / para o senhor.	*This parcel is for you (sir).*
Bem, então vamos esperar até chegar a senhora.	*Right then, we'll wait for you (madam) to arrive.*
O cão gosta de estar sempre perto dele.	*The dog always likes to be near him.*
Sem ela, todos ficam tristes.	*Without her (or it), they are all sad.*
Pões tantas coisas nele!	*You put so many things in it!*
Meu Deus! Há um canguru perto de nós!	*My goodness! (My God!) There's a kangaroo near us!*
Vou escrever uma peça sobre vocês.	*I'm going to write a play about you.*
Não se preocupem! Eu vou antes das senhoras.	*Don't worry! I'll go before (ahead of) you ladies.*
Dentro deles há uma fé enorme.	*Within them is a huge faith.*
Elas são gulosas; compram todos os bolos só para si.	*They are greedy; they buy all the cakes just for themselves.*

ATIVIDADE
36·1

Write the correct pronoun to follow the prepositions, according to the subject pronouns given in parentheses. Then translate each one into English. The first one has been done for you as an example.

1. para (ele) _ele_   _for him_

2. sem (tu) _____   _____

3. até (a senhora) _____   _____

4. por (vocês) _____   _____

5. a (elas) _____   _____

6. de (eu) _____   _____

7. em (nós) _____   _____

8. perto de (ela) _____   _____

9. atrás (os senhores) _____   _____

10. longe de (você) _____   _____

Choose an appropriate preposition from the list below to complete the sentences.

contra	perto	a	para
por	de	sem	sobre

1. Vamos lutar _____ eles; queremos ajudar o máximo.

2. Não gostas _____ mim?

3. A luta _____ vocês não pode continuar.

4. Este artigo é _____ si.

5. _____ ela e a energia dela, é difícil combater os preconceitos.

6. A vizinha (*neighbor*) não se acostuma _____ eles.

7. A poluição _____ de nós é horrível.

8. O ator está sorrindo _____ ti. Que sorte!

VOCABULÁRIO

O aeroporto (*The airport*)

as saídas	departures
as chegadas	arrivals
o check-in	check-in
o controle de passaportes	passport control
a sala / a porta de embarque	departure lounge / gate
a recolha de bagagens	baggage reclaim
a alfândega	customs
para declarar / nada a declarar	to declare / not declare
o carrinho (de bagagens)	(baggage) trolley
a zona de restaurantes	food court, eating area
os lavabos (BP banheiros)	bathrooms, restrooms
(as lojas) duty-free / as lojas francas	duty-free (shops)
a paragem de táxis	taxi stand
(a agência) de aluguer / aluguel de carros / automóveis	car rental (agency)
o balcão de informações	information desk
o estacionamento	parking
o passageiro	passenger
a bagagem de mão	hand luggage
fazer o check-in	to check in
embarcar	to board

ATIVIDADE
36·3

Complete the sentences with the correct form of a pronoun.

1. Aqui temos um carrinho; vamos pôr todas as malas n_____.

2. Você não se lembra de _____? Sou a sua amiga de infância!

3. Todos os passageiros devem guardar a bagagem perto de _____.

4. Que emoção! O cantor está a olhar para _____. Temos tanta sorte.

5. A Marina não sabe onde estão os amigos, então ela faz o check-in sem _____.

6. Harry vai acompanhar Bobby ao concerto; vai sentar-se ao lado _____.

7. Parabéns a _____! Não tens nada a declarar!

8. Os senhores têm documentos? Quem (*Who*), entre _____, tem a mala vermelha?

ATIVIDADE
36·4

(A) Translate the following sentences into English.

1. Precisamos deles para construir a casa.

   _____

2. O voo não espera mais por ela; todos vamos embarcar agora.

   _____

3. Não gostas de mim?

   _____

(B) Translate the following sentences into Portuguese.

1. He buys the pizza for himself.

   _____

2. I want to stay in front of them (*m.*).

   _____

3. Do you (*sing., fam.*) have a computer in front of you?

   _____

4. This is for you (*pl.*).

   _____

5. They believe in me.

   _____

Por • Idioms with por

37

Idioms with por

As we have seen in previous chapters, the preposition **por** is used in a variety of situations relating to time, movement, and place. Here is a fuller treatment of some of its more common uses. You will learn of more as you advance with your studies.

Main uses of por

- ◆ place: *through, by, along, near, at, via*
- ◆ time: *through, during, for, around*
- ◆ price: *exchange and substitute for*
- ◆ unit of measurement and frequency: *by, per*
- ◆ means or way by which something happens
- ◆ *because of, on account of, for*
- ◆ to go or send for something

- ◆ Don't forget the usual contracted forms after **por**: **pelo**, **pela**, etc.
- ◆ The vocabulary list for this chapter has a variety of interesting expressions using **por**.

Examples

Vamos pelo parque? Não, prefiro ir pela estrada.

Shall we go through the park? No, I prefer to go along the highway.

O avião vai de Londres a São Paulo por Paris.

The plane goes from London to São Paulo via Paris.

Eles vão para Alaska (BP Alasca) por dois meses.

They are going to Alaska for two months.

Que emocionante! O concerto é pela noite.

How wonderful! The concert is through the night.

Impossível! Não pago $150 dólares por este telemóvel (BP celular).

Impossible! I'm not paying $150 for this cell phone.

Por favor! As colheres estão sujas; poderia trocar por outras?

Excuse me! The spoons are dirty; could you change them for others?

Compram o jornal científico uma vez por mês.

They buy the science journal once a month.

O repolho custa dois euros por quilo.

The cabbage costs two euros per kilo.

163

A única maneira de abrir o pacote é por força.	The only way to open the packet is by force.
Mando todas as notícias por carta.	I send all my news by letter.
Ela é conhecida mais pela beleza do que pelo talento.	She is known more for her beauty than her talent.
Adoram a Suíça no inverno pela (por causa da) neve; é ideal para esquiar.	They love Switzerland in the winter for the snow; it is ideal for skiing.
Trabalhamos tanto pelo futuro dos nossos filhos.	We work so much for the future of our children.
Falo por todos cá presentes quando digo que esta é uma ocasião histórica.	I speak for all those present here when I say that this is a historic occasion.
Preciso de ir ao mercado por batatas.	I need to go to the market for potatoes.
Conversas com ela pela Internet?	Do you talk with him by (via) the Internet?

ATIVIDADE 37·1

Translate the following phrases into Portuguese.

1. by air(mail) _____

2. through the city center _____

3. 10 dollars a kilo _____

4. by e-mail _____

5. along the coast _____

6. for three years _____

7. a book for 1 euro _____

8. three times a week _____

9. on account of / because of the rain _____

10. via New York _____

ATIVIDADE 37·2

Match the two halves of each sentence.

1. Compram cigarros e perfume; estão a passar . . . _____
   a. pelo duty-free.

2. Há 500 chegadas . . . _____
   b. por computador.

3. Este aeroporto é conhecido . . . _____
   c. por litro.

4. Este vinho custa só 2 reais . . . _____
   d. pelas pessoas.

5. Temos de embarcar . . . _____
   e. pela zona de restaurantes.

6. Gosto de Manhattan . . . _____

7. O check-in é feito . . . _____

8. Vai estudar para Paris . . . _____

f. por um ano.

g. por dia.

h. pela porta no. 10.

VOCABULÁRIO

Expressões idiomáticas com por (*Idioms with **por***)

palavra por palavra	word for word
por acaso	by chance
por aí	thereabout(s)
por amor de	for (the) love of
por bem	willingly
por conseguinte	consequently
por Deus! / pelo amor de Deus!	in God's name / for God's sake!
por enquanto	meanwhile
por escrito	in writing
por exemplo	for example
por extenso	in full
por fim	at last
por isso	therefore, for that reason
por outro lado	on the other hand
por si	per se
por sua conta	on your own (account)
por hábito	out of habit
estar por + *verb*	to be yet to . . .
está por fazer	it's still / yet to be done
Por quê?	Why? (*used on its own*)

ATIVIDADE 37·3

*Using expressions from the **Vocabulário**, translate the following sentences into Portuguese.*

1. Her punishment (**castigo**) is to write in full, word for word, the first chapter (**capítulo**).

   _____

2. Do you (*sing.*) know by chance if there's a pharmacist (chemist) around here?

   _____

3. The cleaning is yet to be done. Why? Because he's lazy.

   _____

4. This cheese is delicious, therefore, I'll buy a kilo.

   _____

5. After five hours of travel, without food or water, at last—the hotel!

   _____

6. It's very expensive; on the other hand, it's amazing.

   _____

7. For the love of God, can you tell me what's wrong?

   _____

8. I want to visit so many countries, for example Australia, Japan, India . . .

   _____

9. What time is it? The play is yet to start.

   _____

10. I don't like fish per se, but I eat grilled fish on holiday.

   _____

Para • Idioms with para

.38.

Idioms with para

The preposition **para**, like **por**, has a number of different uses, some of which have been touched upon in previous chapters.

Main uses of para

- ◆ direction: *to, towards*
- ◆ time: *for, by, towards, to*
- ◆ people: *things destined for them, for me, for you,* etc.
- ◆ use / purpose: *for, in order to*

Differences between por and para

- ◆ **Por** is often a means *through* or *by which* you can get something achieved, a pathway weaving around its objective; whereas **para** is often much more direct, a straight path towards its destination.

Vamos por Lisboa.	*We're going via Lisbon.*
Vamos para Lisboa.	*We're going to Lisbon.*
Quero a encomenda pelas 9 horas.	*I want the parcel around 9 o'clock.*
Quero a encomenda para as 9 horas.	*I want the parcel by / for 9 o'clock.*
Este bolo é feito por ela.	*This cake is made by her OR on her behalf.*
Este bolo é feito para ela.	*This cake is made for her.*
Vou contar as moedas uma por uma.	*I'm going to count the coins one by one.*
Vou contar as moedas uma para uma.	*I'm going to count out the coins, one for each (person).*

- ◆ Don't forget to make any relevant changes to pronouns following **para** (**para mim, para ti,** etc.).

Examples

Ela vai para o norte da Europa.	*She's going to the north of Europe.*
O voo vai direto para Salvador.	*The flight goes direct to Salvador.*
São dez para o meio-dia.	*It's ten to twelve.*
Eles chegam em casa para o domingo.	*They arrive home by Sunday.*
Para mim, uma caipirinha, e para ele, um sumo (BP suco) de maracujá.	*For me, a caipirinha (Brazilian lime cocktail), and for him, a passion fruit juice.*

Este anel é para ti.	*This ring is for you.*
Isto é para quê? É para limpar a ecrã (BP o monitor) do laptop.	*This is for what? It's for cleaning the laptop screen.*
Este congresso é para compartilhar as ideias.	*This conference is for sharing ideas.*
Vamos à piscina para ver o campeonato de natação.	*Let's go (we're going) to the swimming pool (in order) to watch the swimming competition.*
Ela precisa de ir ao banco para levantar (tirar / sacar) dinheiro.	*She needs to go to the bank in order to withdraw some money.*

ATIVIDADE 38·1

Translate the following phrases into Portuguese.

1. to the south _____

2. for us _____

3. twenty to nine (*time*) _____

4. for learning Portuguese _____

5. for her _____

6. to London _____

7. in order to celebrate _____

8. for / by Tuesday _____

9. in order to speak _____

10. for the car _____

ATIVIDADE 38·2

Choose an appropriate word from the list below to complete the sentences.

a Sibéria	ônibus (EP a camioneta)	aprender	a sexta-feira
doar (*to donate*) Tenerife		tomar sol uma festa	as três a senhora

1. Este livro é para você _____, palavra por palavra, as obras do Shakespeare.

2. Férias por fim! Vamos para _____ para _____.

3. Pelo amor de Deus! Eu não vou viver para _____.

4. Acho que esta carta é para _____.

5. Podem fazer o bolo para _____? Por quê? Porque é para

   _____.

6. Ela vai ao hospital para _____ sangue (blood).

7. São 15 para _____, por isso precisamos de ir embora.

8. Este _____ vai para Brasília?

VOCABULÁRIO

Expressões idiomáticas com **para** (*Idioms with* **para**)

(livros) para crianças / adultos . . .	(books) for children / adults . . .
para baixo	down(wards), downstairs
para cima	up(wards), upstairs
para diante	forward(s)
para lá e para cá	to and fro
para o (meu) gosto	to (my) taste
Para quê?	What for? (For what reason?)
para sempre	forever
bom / mau para comer	good (fit) / bad to eat (for eating)
(ir) para casa	(to go) off home
para com	towards (attitude)
para (a semana, o ano) (BP na semana)	next (week, year)
estar para . . .	to be about to . . .
lá para (BP)	about (time)
para esse fim	to that end
para a (sua) idade	for (her, your) age
para + *infinitive*	in order to do something

ATIVIDADE
38·3

*Using the expressions from the **Vocabulário**, translate the following sentences into Portuguese.*

1. This bookshop sells books and magazines for students.

_____

2. They're going to arrive around 6 o'clock (BP).

_____

3. The animals walk to and fro all day.

_____

4. Let's go home!

_____

5. There's a studio upstairs.

_____

6. That banana's not fit to eat.

_____

7. She is not very pleasant towards me.

_____

8. It's too spicy for our taste.

_____

ATIVIDADE

38·4

Por or *para*? Complete each sentence with *por* or *para*.

1. O voo _____ Manchester passa _____ Londres primeiro.

2. Precisa de uma nota de 95 _____ cento no exame.

3. Acho que isto não é _____ mim.

4. Estão a fazer todo o possível _____ terminar _____ as 17 horas.

5. Quanto custa _____ quilo?

6. Pode trocar este copo _____ outro?

7. Gosto de cozinhar pratos típicos _____ o jantar.

8. Ela vai à casa da amiga _____ duas horas.

Adverbs • Geography and the world

Regular formation of adverbs

Adverbs tell you how the action of a verb is carried out (*slowly, happily, well*); they also describe in more detail an adjective or another adverb (e.g., *she is incredibly pretty*). Many adverbs in English end in **-ly**; in Portuguese, many adverbs end in **-mente**. Many examples of time and place (such as *now, always, below, here*) are also classified as adverbs. In this workbook, many of those have been collected under the general heading of prepositions and time expressions.

ADJECTIVE	CHANGE . . .	ADVERB
lento (*slow*)	lent**a** + mente	lentamente (*slowly*)
feliz	feliz + mente	felizmente (*happily*)
alegre	alegre + mente	alegremente (*cheerfully*)
normal	normal + mente	normalmente (*normally*)
incrível (*incredible*)	incrivel [*remove accent*] + mente	incrivelmente (*incredibly*)

Uses

- All adjectives ending in masculine **-o**, change to **-a** before adding **-mente**.
- All other adjectives simply add **-mente**.
- Adverbs formed from adjectives which have a written accent on them lose that accent when they adopt the **-mente** ending.
- Adverbs are usually placed after the verb they describe, although words of frequency (e.g., *normally*), time, and place, can move about in a sentence, especially in order to achieve emphasis (e.g., *Normally she eats at 7; She normally eats at 7; She eats at 7, normally*).
- Adverb + verb: *she speaks quickly*
- Adverb + adjective: *he is amazingly honest*
- Adverb + adverb: *they swim incredibly beautifully*
- When two or more adverbs are used in a sentence, joined by *and* or *but*, only the last adverb in the sequence keeps the **-mente** ending.

Some common -mente adverbs

realmente	*really*	infelizmente	*unfortunately*
geralmente	*generally*	completamente	*completely*
pessoalmente	*personally*	frequentemente	*frequently*
absolutamente	*absolutely*	diariamente	*daily*
furiosamente	*furiously*	facilmente	*easily*
calmamente	*calmly*	dificilmente	*with difficulty*

Examples, part 1

O motorista do táxi conduz (BP dirige) lentamente por causa da chuva.	*The taxi driver drives slowly because of the rain.*
Normalmente jantamos às 19 horas.	*We normally dine at 7 o'clock.*
Ela está doente; felizmente não é nada grave.	*She is ill; fortunately it's nothing serious.*
Eles esforçam-se incrivelmente para conseguir as melhores notas.	*They strive incredibly to obtain the best marks.*
Eu saio da casa geralmente depois do pequeno almoço (BP café da manhã).	*I generally leave the house after breakfast.*
Aquele senhor é extraordinariamente honesto!	*That man is extraordinarily honest!*
Elas nadam incrivelmente lindamente.	*They swim incredibly beautifully.*
Tu falas rápida, mas claramente.	*You speak quickly, but clearly.*

Irregular adverbs

- **bem** (*well*); **mal** (*badly*)
  - tu cantas bem (*you sing well*)
  - ele escreve mal (*he writes badly*)
- comparisons
  - **melhor (do) que** (*better than*)
  - **tão bem / tão mal como** (*as well / as badly as*)
  - **pior (do) que** (*worse than*)
- **tão** + *adverb* means "so . . ." (*so slowly, so neatly.*)
- **tão** + *adverb* + **que** means "so [*adverb*] that . . ." (*so quickly that, so neatly that*)
- Miscellaneous irregular adverbs include:

depressa (*quickly*)	quase (*almost*)	muito (*a lot, much*)
devagar (*slowly*)	só (somente) (*only*)	pouco (*a little, not much*)
bastante (*quite*)	demasiado (*too [much]*)	

Examples, part 2

O campeão mergulha bem.	*The champion dives well.*
A equipa (BP o time) defende mal.	*The team defends badly.*
Tu pintas melhor do que o teu irmão.	*You paint better than your brother.*
Florence comunica a informação tão bem como o guia.	*Florence gives the information as well as the guide (does).*
Eu toco flauta pior (do) que tu.	*I play flute worse than you.*
Meu Deus! Eles andam tão rapidamente!	*Goodness me! (My God!) They walk so quickly!*
Nós terminamos o almoço tão lentamente que o restaurante está para fechar!	*We finish lunch so slowly that the restaurant is ready to close.*
Vocês só falam inglês?	*Do you only speak English?*
Este autor descreve o pesadelo bastante bem.	*This author describes the nightmare quite well.*
Eu como muito, mas bebo pouco.	*I eat a lot but drink little.*

ATIVIDADE
39·1

Change the following adjectives into adverbs.

1. silencioso _____

2. bom _____

3. oficial _____

4. triste _____

5. simpático _____   8. sério _____

6. mau _____   9. pesado _____

7. horrível _____   10. recente _____

Complete the sentences by conjugating the verb given in parentheses and translating the adverb phrase given in brackets. Follow the example.

EXEMPLO: Ela (cantar) [better than] João.   _Ela canta melhor do que o João._

1. Ele (subir) para cima [so quickly that] quase cai.   _____

2. Nós (decorar) a casa [as well as] os vizinhos.   _____

3. Tu (trabalhar) [so badly]. Para quê?   _____

4. Vocês (sair) [only] à noite?   _____

5. Eu (ir) esquiar [worse than] elas para sempre.   _____

6. Elas não (viver) [better than] nós.   _____

7. Você (comportar-se) [as badly as] ele.   _____

8. A senhora (fumar) [too much] para o meu gosto.   _____

VOCABULÁRIO

A geografia / o mundo (Geography / the world)

o país / os países	country / countries
o continente	continent
a nação	nation
o território	territory
a capital	capital
o oceano	ocean
o mar	sea
o norte	north
o sul	south
o (l)este	east
o oeste	west
a América do Norte / do Sul	North / South America
a América Central / Latina	Central / Latin America
a Europa	Europe
a África	Africa
a Ásia	Asia
a Australásia	Australasia
mundial / universal	world-wide
em todas as partes do mundo, no / pelo mundo inteiro	all over the world
viajar / ir para o estrangeiro (BP exterior)	to travel / go abroad

Complete the sentences by forming the adverbs correctly.

1. O mundo é (extraordinário) _____ grande e pequeno ao mesmo tempo.

2. Ele faz exercício tão (frequente) _____ que parece atleta.

3. As pessoas da Ásia são (incrível) _____ simpáticas.

4. O capitão reage (furioso) _____.

5. Os comboios (BP trens) da América Latina andam tão (lento) _____ que as viagens duram muitos dias.

6. Por favor, não queremos ir tão (devagar) _____.

7. É (absoluto) _____ fantástico viajar pelo mundo.

8. Alicia dança tão (mau) _____ como um elefante!

9. A Edite viaja pelo mundo inteiro (fácil) _____ e (calmo) _____.

10. Tu cantas (alegre) _____, mas tão (forte) _____.

Translate the following sentences into Portuguese.

1. Do you (*sing., pol.*) sleep well?

   _____

2. Normally, we only go to the cinema on Fridays.

   _____

3. Katie plays soccer better than many boys.

   _____

4. They eat so quickly that they feel quite ill.

   _____

5. He is fantastically good-looking!

   _____

6. My cousin designs well, but sells badly.

   _____

Negatives • School subjects

Common verbal negatives

Negatives are a means of conveying the opposite of a positive statement (yes / no, always / never, someone / no one). They are used with verbs, nouns, and time expressions. This chapter looks at common verbal negatives. For other negatives, see Chapters 46 and 49. Chapter 45 also explains what happens to pronouns when a negative is introduced.

NEGATIVE	MEANING	PLACEMENT
Não	*No, not*	Before verb
Não, não . . .	*No, . . . not . . .*	
Ainda não	*Not yet*	
Já não	*No longer, not anymore*	
Não só . . . mas também . . .*	*Not only . . . but also . . .*	
Também não	*Not either*	
Nem*	*Neither, nor, not even*	Before verb or
Nunca	*Never, not ever*	after verb when
Nunca mais	*Never again, not ever*	verb preceded
Jamais	*Never (ever) [stronger use]*	by **não**

*These expressions can also be used with nouns, pronouns, adjectives, etc.

Uses

◆ To make any verb negative, simply place **não** in front of it.
◆ Sentences can have a double negative when words such as **nunca** are used in conjunction with a negative word: **ela nunca come carne / ela não come nunca carne** (*she never eats meat*).
◆ Negative expressions can be used on their own in response to questions, or for emphasis.
◆ It is not typical to answer a question just with "No" in Portuguese; the normal response is to use **não** and the appropriate part of the verb used in the question: *Do you like wine? No, I don't (like it).* (**Gosta de vinho? Não, não gosto.**)
◆ **Ainda não** is often used with a simple past tense (**preterite**), but it is not covered in this beginning level of textbook.

Examples

Vocês todos não cabem dentro do carro.	*All of you don't fit in the car.*
Não, ela não está a dizer (BP dizendo) a verdade.	*No, she's not telling the truth.*
Ainda não estou preparada para a viagem.	*I am still not ready for the journey.*
Já não há ovos.	*There are no longer any eggs. (There aren't any eggs left.)*
Incrível! Ele não só sabe consertar o laptop, mas também consegue fazer o trabalho por um preço razoável!	*Incredible! He not only knows how to fix the laptop, but also manages to do the work for reasonable price.*
Eles também não entram no concurso.	*They are not entering the competition either.*
Tu nem cumprimentas o teu chefe?	*Don't you even greet your boss?*
Nunca temos tempo para nos divertir.	*We never have time to enjoy ourselves.*
Nunca mais entro naquela loja. Que vergonha!	*I'll never go in that shop again. What an embarrassment!*
Jamais falo com ele.	*I'll never speak to him again.*
Não faço isto nunca mais.	*I'll never do this again.*
Eles não comem nem peixe.	*They don't even eat fish.*
Então, nunca mais vais ver o teu tio? Nunca!	*So, you're never going to see your uncle again? Never!*
Ela não aguenta fígado; eu também não!	*She can't stand liver; me neither (neither can I)!*
Então, você não gosta de filmes de horror? Não, não gosto.	*So, you don't like horror films? No I don't.*
Ainda não visitei o Mar Vermelho.	*I have not yet visited the Red Sea.*

ATIVIDADE
40·1

Translate the following sentences into English.

1. Amanda tem 25 anos, mas ainda não trabalha.

_____

2. Jamais voltamos a ficar neste hotel!

_____

3. Não, eles não querem competir no campeonato mundial.

_____

4. Não vou viver aqui nunca mais.

_____

5. Tens os bilhetes? Ainda não.

_____

6. Vocês nunca passam férias na ilha da Madeira? É linda!

_____

7. A praça principal já não é tão bonita.

_____

8. Que antipática! Ela nem cumprimenta os vizinhos.

_____

Match the English with the Portuguese sentences.

1. He still doesn't know all the countries of Latin America. _____

2. What a shame! They no longer sell flowers. _____

3. Aren't you going to Europe? _____

4. No, I cannot stand cold soup. _____

5. I don't even know the name of the capital. _____

6. This territory will not belong to Asia ever again. _____

7. This flight not only goes to the north, but also passes by the west. _____

8. We don't make up stories either! _____

    a. Não vais para a Europa?

    b. Este território não pertence nunca mais à Ásia.

    c. Ele ainda não conhece todos os países da América Latina.

    d. Não, não aguento sopa fria.

    e. Este voo não vai só para o norte, mas também passa pelo oeste.

     f. Que pena! Já não vendem flores.

    g. Nem sei o nome da capital.

    h. Também não fabricamos histórias!

VOCABULÁRIO

As matérias / disciplinas escolares (*School subjects*)

a literatura	Literature	a educação religiosa	Religious education
a história	History	a física	Physics
o inglês	English	a química	Chemistry
o francês	French	a biologia	Biology
o espanhol	Spanish	as ciências	Science(s)
as línguas	Languages	a educação física	PE (physical education)
a matemática	Math	a filosofia	Philosophy
a geografia	Geography	a economia	Economics
a arte e o desenho	Art and design	ler / escrever / soletrar	to read / write / spell
a informática	IT	aprender / estudar	to learn / study

Translate the following sentences into Portuguese.

1. He does not study Geography.

_____

2. Her children not only speak three languages, but they can also use the computer better than her.

_____

3. No, they do not know how to spell "Arkansas."

_____

4. Are you not going to the concert either?

_____

5. Is she learning philosophy? Not yet.

_____

6. The ticket office doesn't even open on Fridays.

_____

7. The school no longer offers lessons in (of) French.

_____

8. They are not going to see each other ever again.

_____

9. I'm never ever going to understand Physics!

_____

10. I never lie; well, perhaps only a little!

_____

Interrogatives, part 1: *how / who / when / where / what* • Vacations

Question words—interrogatives

Portuguese has a range of question words (known as *interrogatives*) just as in English. This chapter looks at those that do not change their endings in any way. See Chapter 42 for further examples.

INTERROGATIVE	MEANING
Como . . . ?	*How? / What? (as in "What is it like?")*
Quem . . . ?	*Who?*
Quando . . . ?	*When?*
Onde . . . ?	*Where?*
Que . . . ?	*What / Which?*
Porque . . . ? (BP Por que . . . ?)	*Why?*
O que . . . ?	*What / Which?*

Uses

♦ Many interrogatives are also used with prepositions to form questions such as: with whom (**com quem?**), for where (**para onde?**), in what (**em que?**), etc. The forms **aonde** (*to where*) and **donde** (*from where*) also exist.

♦ Often questions are reinforced by inserting the phrase "**é que**" (*is it that*) before the verb: *When does she arrive? / When is it that she arrives?*

♦ Remember not to translate the words *do / does* in Portuguese questions: *Where do you live?* becomes *Where you live?*

♦ As with all questions in Portuguese, use rising intonation at the end of the sentence.

♦ **Como é / são . . . ?** means "how (what) is / are something like (as an inherent characteristic)?"

♦ **Como está / estão?** means "how is / are someone / something (temporarily)?"

♦ **Que . . . ?** and **O que . . . ?** are mostly interchangeable, although **que** on its own is often used with nouns.

♦ Other interrogative expressionss include: **O que é isto?** (*What is this?*) / **O que é um/uma . . . ?** (*What is a . . . ?*) / **O que é que . . . ?** (*What is it that . . . ?*) / **O que há?** (*What is there?*) / **Quê?, O quê?** means "What?" (when used as a single question word).

♦ **Porque . . . ?** (*Why . . . ? + verb*) / **Por que . . . ?** means "For what reason (*Why*), By what means?" + *noun* (used more in Brazil) / **Porquê?** (*Why?*)

is used as a single interrogative / **Porque / Por que não?** (*Why not?*) / **Porque** means "because," as a reply or mid-sentence.

Examples

Como se chama o novo jardineiro?	*What's the new gardener called?*
Como são os teus vizinhos?	*What are your neighbors like?*
Então, como está a sopa?	*So then, how is the soup / what's the soup like?*
Quem vai pagar a conta?	*Who's going to pay the bill?*
Quando partem?	*When do they leave?*
Onde está a calculadora?	*Where is the calculator?*
Que tipo de sandes / sanduíche quer?	*What kind of sandwich do you want?*
Por que não tentas outra vez?	*Why don't you try again?*
O que pretendem fazer?	*What do they intend to do?*
Para que parte da Irlanda vão?	*To what part of Ireland are they going?*
Com quem ela vai se casar?	*With whom is she going to marry? (Who is she going to get married to?)*
Bom dia, Dona Nélia, como está?	*Good morning, Mrs. Nélia, how are you?*
Por favor, poderia me dizer o que é um "pneu"?	*Please, could you tell me what a "**pneu**" (tire) is?*
O que há / tem para sobremesa?	*What is there for dessert?*
Vou cortar o cabelo. Ah sim? Porquê? Porque quero.	*I'm going to have my hair cut. Oh yes? Why? Because I want to.*

ATIVIDADE 41·1

Write the most appropriate interrogative to complete each sentence.

1. _____ é que o barco vai chegar?

2. _____ revista é essa?

3. _____ está a senhora? Bem?

4. _____ fica o hotel Praia Norte?

5. _____ é que não gostam de peixe?

6. _____ são aqueles meninos ali?

7. _____ vais fazer este fim-de-semana?

8. E o seu novo carro? _____ é?

ATIVIDADE 41·2

Complete each sentence with a preposition and an interrogative.

1. _____ _____ vêm os senhores? São brasileiros?

2. Estes exercícios de química são _____ _____?

3. _____ _____ estás a pensar?

4. _____ _____ é este caderno de biologia? É teu?

5. _____ _____ horas é o exame de geografia?

6. À noite _____ _____ sonha?

7. _____ _____ vais estudar a matemática? Harvard? Oxford?

8. _____ _____ razão não aprendem as línguas?

As férias (Vacations)

o turismo	sightseeing
ao estrangeiro (BP no exterior)	abroad
o turista	tourist
o itinerário	itinerary
o mapa	map
a lembrança	souvenir
férias . . .	vacations . . . / holidays . . .
. . . culturais	. . . cultural
. . . desportivas (BP esportivas)	. . . sporty
. . . relaxantes	. . . relaxing
. . . de família	. . . family
. . . de inverno / verão, etc.	. . . winter / summer, etc.
. . . de aventura	. . . adventure
tirar férias	to have a vacation
visitar	to visit
estar de férias	to be on vacation
passar tempo, as férias (a fazer / BP fazendo . . .)	to spend time, vacations / holidays (doing . . .)
divertir-se	to have a good time, to enjoy oneself
(des)fazer a mala	to (un)pack (the suitcase)
descansar / relaxar	to rest / relax
estragar	to ruin, spoil

ATIVIDADE 41·3

Write questions to match the answers. The first one has been done for you as an example.

1. *O que há para turistas*?   Para turistas há itinerários culturais.

2. _____?   O filme começa às 19:30.

3. _____?   Primeiro vamos comer pão e manteiga.

4. _____?   Ela vai passar as férias ao estrangeiro (BP no exterior).

5. _____?   O frio estraga as minhas férias.

6. _____? O José não vai à festa porque está doente.

7. _____? O piloto chama-se Raúl.

8. _____? Recomendo o novo CD da Cesária Évora.

Translate the following sentences into Portuguese.

1. What's the weather like in Vancouver in January?

_____

2. Jill and Graham are on vacation with whom?

_____

3. When are they going to build the bridge?

_____

4. Where can we buy a map and souvenirs?

_____

5. What are you (*sing., fam.*) doing (going to do) tomorrow night?

_____

6. Why do they talk so quickly?

_____

Interrogatives, part 2: *how much / how many / which (what)* • Crime

42

Interrogatives

In Portuguese, the question word for *how much / many* is **quanto?**, and for *what / which*, we use **qual?** They have changeable forms as follows:

	SINGULAR	PLURAL
quanto? (*how much? / how many?*)	quanto (*m.*) quanta (*f.*)	quantos quantas
qual? (*which? / what?*)	qual	quais

Uses

- **Quanto é? / Quanto custa? / Quanto custam?** (*How much is it? / How much does it cost? / How much do they cost?*)
- **Quanto, quanta** means "how much (of something)."
- **Quantos, quantas** means "how many (of something)."
- Use **qual / quais** (*what / which*) in place of **que** (see Chapter 50), when there is more limited choice (e.g., *Which (of the shoes on display) do you want?*).
- **Qual / quais** is used also with **de** (**do**, **da**, etc.) to mean "which (of the) . . . ?" Now often, the **de** is dropped; hence "Which (of the) shoes?" becomes simply "Which shoes?"
- Use **Qual é . . . ?** for a range of questions about personal information (e.g., what's your name?, what's your address?, profession, marital status, phone number, etc.).
- Use **Qual é / Quais são?** to mean "What (Which) is / are . . . ?" Use **Que?** when requesting a definition: *What is this?*

Examples

Quanto é ao todo se faz favor (BP o total, por favor)?	*How much is that in total, please?*
Quanto custam os cabides?	*How much do the coathangers cost?*
Quanta cerveja você quer?	*How much beer do you want?*
Quantos bilhetes deveria comprar?	*How many tickets should I buy?*
Qual das bonecas preferes?	*Which of the dolls do you prefer?*
Quais destes sapatos estão em liquidação?	*Which of these shoes are on offer (in the sale)?*
Quais livros? Estes ou aqueles?	*Which books? These or those?*

| Qual é o seu número de telemóvel (BP celular)? | *What's your cell phone number?* |
| Quais são os melhores restaurantes deste bairro? | *What are the best restaurants in this district?* |

ATIVIDADE 42·1

*Complete the sentences with the correct form of **quanto**.*

1. _____ custam as gravatas de seda?

2. Preciso de _____ farinha?

3. _____ pessoas vão na excursão?

4. Vais comprar a bicicleta? Mas _____ é?

5. _____ leite prefere—um pouco ou muito?

6. _____ tempo demora o jantar?

7. _____ CDs de música Fado tem o Carlos?

8. _____ custa um smartphone?

9. _____ custam os novos jogos de Xbox?

10. _____ prémios já tens?

ATIVIDADE 42·2

Match the questions and answers.

1. Quais das lembranças vão comprar? _____   a. férias relaxantes

2. Qual mapa? _____   b. este aqui

3. Que tipo de férias prefere? _____   c. azul

4. Qual dos anéis é que ela vai escolher? _____   d. é a Quinta Marialva

5. Qual é o nome do hotel onde passas as férias? _____   e. uma garrafa de vinho

6. Que cor de botas querem? _____   f. sou dentista

7. Quais são as melhores: ou férias culturais ou de aventura? _____   g. um de ouro

8. Qual é a sua profissão? _____   h. culturais

O crime (*Crime*)

o assalto	assault
a fraude	fraud
a chantagem	blackmail
um furto / roubo	a theft
o tráfico de droga	drug trafficking
o roubo de identidade	identity theft
as ameaças virais	viral (Internet) threats
o ladrão	thief
o criminoso	criminal
a vítima	victim
a seringa	syringe
a faca	knife
a pistola	pistol
sequestrar	to kidnap
atacar	to attack
assaltar	to assault
roubar	to rob
ameaçar	to threaten
apresentar (uma) queixa	to lodge a complaint / press charges
participar . . .	to notify (e.g., the police)

ATIVIDADE
42·3

(A) Translate the following sentences into English.

1. Quantos assaltos há aqui por semana?

   _____

2. Quanto custa uma viagem para Braga?

   _____

3. Qual é o nome da pobre vítima?

   _____

4. Qual dos bolos vais comer?

   _____

5. Que tipo de pistola usam?

   _____

6. Quantas oportunidades há para conversar com o presidente?

   _____

(B) Translate the following sentences into Portuguese.

1. I like this camera. How much is it?

   _____

2. How much fraud exists in the business world?

   _____

3. What is her e-mail address?

   _____

4. Which (ones) of the criminals can you (*sing., pol.*) identify?

   _____

5. How much sugar do you (*pl.*) want?

   _____

6. Which are John's paintings (**pinturas / quadros**)?

   _____

Direct-object pronouns • Polite expressions

43

Direct-object pronouns

In a normal sentence, the subject of the verb carries out the action and the object of the verb receives that action. Pronouns, both subject and object, replace the need to repeat words (nouns) and proper names. The direct-object pronouns (DOPs) in English are: *me, you, him, her, it, us, them.* They directly receive the action of the verb and they answer the questions: *What?* or *Whom?* in relation to a statement: *I see what? I see it. I help whom? I help her.*

SUBJECT PRONOUN	DIRECT-OBJECT PRONOUN	MEANING
eu	me	*me*
tu	te	*you*
ele	o	*him, it*
ela	a	*her, it*
você, o senhor/	o	*you (m./f.)*
a senhora	a	
nós	nos	*us*
[vós	vos	*you (pl.)]*
eles	os	*them (m.)*
elas	as	*them (f.)*
vocês, os senhores/as senhoras	vos*	*you (pl.)*

*Brazilians tend to use **os/as** for the plural *you.*

Uses

- ◆ DOPs are normally placed after a verb and attached to it with a hyphen.
- ◆ With infinitives, they are usually attached after, but can go before (more advanced learning).
- ◆ In certain circumstances, the pronouns are placed before the verb (e.g., with negatives, or after questions words; see Chapter 45).
- ◆ To avoid ambiguity in the third person (**o/a, os/as**), **o senhor/a senhora** can be used as object pronouns when the polite forms are required.
- ◆ Brazilians tend to place the pronouns before the verb in most situations; compare EP **chamo-me Ana** with BP **eu me chamo Ana**. Here, the DOP is preceded by **eu** as it is not advised to place the DOP as the first word of a sentence or clause.
- ◆ In the spoken language, many Brazilians tend to use subject pronouns where an object is required: **eu vejo ele** (*lit., I see he*). Be aware of this but realize it is not correct usage. **Você** is also frequently used as an object in colloquial Brazilian Portuguese.

- ◆ Do not confuse the DOPs **o/a**, **os/as** with the definite article (*the*), which are written the same way!
- ◆ You will learn more advanced rules for DOPs as you progress to a higher level.

Examples

Você conhece-me?	*Do you know me?*
Não o conheço.	*I don't know you / him.*
Posso ajudar-te, Marco?	*Can I help you, Marco?*
Senhora Silva leva-o à festa.	*Mrs. Silva is taking him (or it) to the party.*
Compro-o amanhã.	*I'll buy it tomorrow.*
Convido-os para tomar um aperitivo comigo	*I invite them (or you) to have an aperitif with me.*
Vamos visitar as senhoras esta tarde.	*We'll visit you (pol.) this afternoon.*
Vocês ouvem-nos bem?	*Can you hear us well?*
Guarda-os na gaveta.	*She puts them away in the drawer.*
Vejo-as todos os dias.	*I see them every day.*
Não há problema, levo-vos à estação.	*There's no problem, I'll take you to the station.*

ATIVIDADE
43·1

Translate the following sentences into Portuguese, using the verbs suggested in parentheses.

1. I see you (*sing., fam.*). (ver)

   _____

2. You (**tu**) see us. (ver)

   _____

3. He eats it (the cake). (comer)

   _____

4. She drinks it (the beer). (beber)

   _____

5. I buy them (the shoes). (comprar)

   _____

6. They help you (*pl.*). (ajudar)

   _____

7. You (*pl.*) invite me. (convidar)

   _____

8. They take us. (levar)

   _____

9. He keeps it (the money) safe. (guardar)

_____

10. We help you (*sing., fam.*). (ajudar)

_____

Spelling changes: *verbs* + o/a, os/as

Certain spelling alterations are needed with the following combinations (*only* with the third-person DOPs).

VERBS ENDING IN . . .	+ O/A, OS/AS	EXAMPLES
-r (*all infinitives*)	◆ Remove -r ◆ Place **l** before **o/a, os/as** ◆ Add accents: **á / ê** ◆ Add **i** (*no accent*)	Vou comprá-lo. (*I'm going to buy it.*) Queres comê-las? (*Do you want to eat them?*) Poderia abri-la? (*Could you open it?*)
-s	◆ Remove **-s** ◆ Place **l** before **o/a, os/as**	(tu) Paga-lo? (*Do you pay for it?*) (nós) Bebemo-los. (*We drink them.*)
-z	◆ Remove **-z** ◆ Place **l** before **o/a, os/as** ◆ Add accents: **á / ê**	Ela fá-la. (*She makes it.*) Você fê-los? (*Did you make them?*) Fi-lo ontem, (*I did it yesterday.*)
-ão	◆ Place **n** before **o/a, os/as**	Elas dão-nos. (*They give them.*)
-õe		Ele põe-na na mesa. (*He puts it on the table.*)
-m (*all third-person plural*)		Vocês vendem-no. (*You sell it.*)

Although this seems complex, you will undoubtedly use some rules more than others, particularly the **-r** and **-m** ones.

Examples

Vais pintar a casa. Vais pintá-la. — *You are going to paint the house. You're going to paint it.*

Vou beber o coquetel. Vou bebê-lo. — *I'm going to drink the cocktail. I'm going to drink it.*

Ela vai abrir as janelas. Vai abri-las. — *She's going to open the windows. She's going to open them.*

Comes frutas todos os dias. Come-las . . . — *You eat fruit every day. You eat them . . .*

Limpamos o carro. Limpamo-lo. — *We clean the car. We clean it.*

Ele traz o trabalho para casa. Ele trá-lo . . . — *He brings the work home. He brings it . . .*

Ela fez o bolo ontem. Ela fê-lo . . . — *She made the cake yesterday. She made it . . .*

Ele diz os nomes. Ele di-los. — *He says the names. He says them.*

Vocês dão o dinheiro. Vocês dão-no. — *You give the money. You give it.*

Ela põe os sacos na cozinha. Põe-nos . . . — *She puts the bags in the kitchen. She puts them . . .*

Eles escrevem as cartas. Escrevam-nas. — *They write the letters. They write them.*

Replace the nouns in parentheses with DOPs and make any necessary spelling changes. Follow the example.

EXEMPLO: Vamos comprar (as revistas).   _Vamos comprá-las_.

1. O ladrão vai roubar (o dinheiro).   _____.

2. Não posso repetir (as respostas).   _____.

3. Eles vão fazer (o assalto) com facas.   _____.

4. Os criminosos (dar as drogas) à polícia.   _____.

5. Vocês querem sequestrar (a minha filha)?   _____?

6. Os meus amigos (vender a casa) amanhã.   _____.

7. A polícia não sabe resolver (os crimes).   _____.

8. Ela (pôr o chapéu) antes de sair.   _____.

VOCABULÁRIO

Expressões de cortesia (*Polite expressions*)

Obrigado(a). / Obrigadinho(a). / Obrigadíssimo(a).	Thank you. / Thanks. / Thanks a lot.
De nada.	Don't mention it
Não tem de que.	Not at all.
Importa-se de . . . ?	Do you mind . . . ?
Não se importa de . . . ?	Do you mind . . . ?
Só um momento.	Just a moment.
Com licença.	Excuse me (to get past / interrupt).
Desculpe!	Excuse me! / Sorry!
Estou a incomodar? (BP **Estou incomodando?**)	Am I interrupting?
Desculpe por ter incomodado.	Sorry for having interrupted.
Não se preocupe (*pl.* **preocupem**).	Don't worry.
Como está(s), estão?	How are you?
Estou bem.	I'm well.
Tudo bem? Tudo bem.	OK? OK.
Passou bem (*sing., pol.*)**?**	Are you well?
Muito prazer.	Pleased to meet you.
Igualmente.	Likewise.
Não faz mal.	It doesn't matter.
Faça (*pl.* **Façam**) **favor de . . .**	Please . . . (do)
Ótimo!	Great!

Complete the sentences with the correct forms of verbs in parentheses and a DOP.

1. Tens muito trabalho? Estou a (incomodar) _____?

2. Gosto do latim, mas (achar) _____ difícil.

3. Desculpe! O meu saco é muito grande. Pode (ajudar) _____?

4. Vocês comem muitas laranjas? Sim, nós (comer) _____ cada dia.

5. Só um momento senhores! As vossas malas por favor . . . Querem (abrir) _____?

6. Eles sempre ajudam os pais. Hoje, por exemplo, (ajudar) _____ a limpar a sala.

7. Não se preocupem! Nós (levar) _____ ao aeroporto.

8. O Manuel tem os jornais? Sim, sim, ele (ter) _____ num saco.

9. Ela vai fazer um bolo hoje. Ela (fazer) _____ cada domingo. Ótimo!

10. Ó pai, queremos ir ao jogo. O pai poderia (levar) _____ de carro?

Indirect-object pronouns • The body

Indirect-object pronouns

Indirect-object pronouns (IOPs) work in the same way as their direct object counterparts, but are used when expressing an action indirectly, *to* or *towards* a person or thing. They answer the questions: *To whom / what?* or *For whom / what?*, after a statement: *I give the book. I give it to whom? To her.* In Portuguese, some of the IOPs are identical in form to the DOPs.

SUBJECT PRONOUN	INDIRECT-OBJECT PRONOUN	MEANING
eu	me	*to / for me*
tu	te	*to you*
ele/ela	lhe	*to him/her, it*
você, o senhor/a senhora	lhe	*to you*
nós	nos	*to us*
[vós	vos	*to you (pl.)]*
eles/elas	lhes	*to them (m./f.)*
vocês, os senhores/as senhoras	vos	*to you (pl.)*

Uses

- There are no spelling changes take place with IOPs and verbs.
- In English, it is not always clear that an IOP is required, due to omission of the word *to*: *I gave him the book (I gave the book to him).*
- Refer always to "test" questions:
  I gave what? the book (it) = direct object
  I gave (it) to whom? to him = indirect object
- Many Brazilians tend to use **lhe**, **lhes**, and **vos** quite infrequently, often opting instead to say things such as **para ele**, **para vocês**, etc., and thus avoiding the IOPs altogether.
- To avoid confusion in the third-person singular and plural (**lhe/lhes**), it is possible to use **ao senhor/à senhora** in the polite forms.
- Further clarity or emphasis can be added by using **a ele/a eles / a nós**, etc.
- Often, both DOPs and IOPs are simply omitted altogether, provided the meaning of the sentence remains clear within the context.
- Although it is possible to combine DOPs and IOPs (e.g., I gave *it* to *her*), that is for more advanced study.
- For more on the position of both DOPs and IOPs, see Chapter 45.

Verbs often used with IOPs

Typical verbs which can be used with IOPs include:

dar (*to give*)	emprestar (*to lend*)
contar (*to tell*)	escrever (*to write [to]*)
mostrar (*to show*)	entregar (*to hand in, over*)
oferecer (*to offer, give*)	apresentar (*to introduce*)
mandar / enviar (*to send*)	servir (*to serve*)

Watch out for verbs in Portuguese which require an IOP where they don't in English. Common examples are:

telefonar (a)	*to telephone (to someone)*
apetecer (a)	*to feel like, be in the mood for (it is appealing to me . . .)*
perguntar (a)	*to ask someone something*
fazer (a) uma pergunta	*to ask someone a question*
dizer (a)	*to tell, say to someone*
comprar	*to buy (for someone)*
ficar (a) bem	*to suit someone*
pedir (a)	*to ask someone, request*

Examples

José vai telefonar-me esta noite.	*José is going to phone me tonight.*
Dou-te o livro depois da escola.	*I'll give you the book after school.*
Eles mandam-lhe a informação.	*They send him the information.*
O vestido fica-lhe bem, senhora.	*The dress suits you madam.*
O meu pai empresta-nos o carro.	*My dad lends us the car.*
Quero apresentar-vos o meu noivo, Sérgio.	*I want to introduce to you my fiancé, Sérgio.*
Apetece-lhes ir a um concerto.	*They fancy going to a concert.*
Conto-lhe a ela a história, mas não lhes conto a eles!	*I'll tell her the story, but I won't tell them!*
Escrevemos(-lhes) aos senhores sobre o problema.	*We'll write to you (sirs) about the problem.*
Nunca me compra o que quero.	*He never buys me what I want.*
Ó Alícia, telefonas-me amanhã? Está bem, telefono.	*Oh Alicia, will you phone me tomorrow? OK, I'll phone (you).*

ATIVIDADE 44·1

Complete the following sentences with the correct form of the IOP. Follow the clues in English in parentheses.

1. Não (*me*) _____ querem servir mais vinho.

2. Os nossos netos escrevem –(*to us*) _____ cada mês.

3. Posso perguntar-(*you, sing., pol.*) _____ uma coisa?

4. Damos-(*to them*) _____ as chaves da casa.

5. Mando-(*to him*) _____ um cartão para o dia dos namorados.

6. Apetece-(*me*) _____ comer uma boa feijoada!

7. Não (*to them*) _____ empresta dinheiro.

8. O Manuel oferece-(*you, sing., fam.*) _____ uma prendinha (*small gift*).

9. Conto-(*to you, pl.*) _____ todos os meus planos.

10. Aquela blusa não (*her*) _____ fica muito bem.

ATIVIDADE
44·2

Choose an appropriate verb from the list below to complete each sentence. You may need to conjugate the verb.

telefonar	dar	apetecer	comprar	ficar
mandar	apresentar	mostrar	emprestar	pedir

1. Não sei onde fica o banco. Importa-se de me _____ no mapa?

2. Sabes, Ana Paula, que esse chapéu não te _____ muito bem.

3. Quero _____-lhe o Diretor de Marketing, o senhor Mauro Pereira. – Muito prazer.

4. A minha mãe _____-vos a todos um pacote de caramelos.

5. Tudo bem, Mariana? Sim, tudo bem, mas não me _____ sair.

6. Eles nunca devolvem as canetas dela, por isso é que ela não lhes _____ mais.

7. Desculpe por ter incomodado a senhora, mas preciso de lhe _____ os seus documentos.

8. O meu número é 22786552—o senhor pode _____-me amanhã?

9. Façam favor de nos _____ a encomenda o mais rápido possível.

10. Para o Natal, os pais _____-lhes às crianças novas bicicletas.

VOCABULÁRIO

O corpo (*The body*)

a cabeça	head
a orelha	ear
o ouvido	inner ear
a boca	mouth
o nariz	nose
o olho	eye
as costas (*pl.*)	back
o ombro	shoulder
o peito	chest

a barriga / o estômago	belly / stomach
o braço	arm
o cotovelo	elbow
a mão	hand
o dedo	finger
a perna	leg
o joelho	knee
o pé	foot
o dedo do pé	toe
o tornozelo	ankle
doer + *IOP*	to hurt / ache / have a pain
dói-me . . .	. . . hurts me (*singular part of body*)
doem-me . . .	. . . hurt me (*plural body part*)

ATIVIDADE
44·3

*Using expressions from the **Vocabulário**, indicate who has got what ailments.*
Follow the example.

EXEMPLO: I + nose   _Dói-me o nariz_.

1. He + ankle   _____.

2. You (*sing., pol.*) + eyes   _____.

3. I + knee   _____.

4. You (*pl.*) + back   _____.

5. She + inner ear   _____.

6. You (*sing., fam.*) + tummy   _____.

7. They + toes   _____.

8. Us + head   _____.

Position of pronouns: When do they move? • Illness

Placement of pronouns

All object pronouns in Portuguese that are normally placed after a verb and attached to it with a hyphen (DOPs, IOPs, reflexives), change position in certain circumstances. There are many variables, and sometimes personal choice, or style, may cloud the rule. In this textbook, we highlight some of the more common features. You will certainly learn more as you progress in your studies.

Common examples of when an object pronoun moves before the verb

- ◆ Following negatives **não, nunca, nem, ninguém, nada** (See also Chapters 40, 46, and 49.)
- ◆ Following interrogatives **quem, quando, onde** (See also Chapters 41 and 42.)
- ◆ Following **que**
- ◆ Following **quando**
- ◆ Following some adverbs **ainda, sempre*, também, talvez (*perhaps*), bastante (*quite*), já, só**
- ◆ Following some adjectives and pronouns **todo (toda, todos/todas), muito (. . .), pouco (. . .), alguém** (See also Chapters 47–49.)

Uses

- ◆ Brazilian Portuguese tends to be more flexible in its approach to where object pronouns are placed, and they are more likely to be found before the corresponding verb than in standard European Portuguese, even in normal, straightforward assertions.
- ◆ It is considered bad practice, in both variants of Portuguese, to place an object pronoun alone as the first word in a phrase or sentence.
- ◆ With verbs in the infinitive these general basic rules apply:
  - ◆ Pronoun can tag on to the infinitive.
  - ◆ Pronoun usually goes before infinitive if the infinitive itself is preceded by a preposition (**de, por, a** . . .).

---

*If **sempre** comes after the verb, the pronoun does not move.

- Pronoun must go before an infinitive that is already negative.
- As you move to a more advanced level, further study of this aspect of pronouns will guide you to a more enhanced use of Portuguese.

Examples

Ela nunca me diz a verdade.	*She never tells me the truth.*
Ninguém lhes oferece ajuda, coitados!	*No one offers them help, poor things!*
Quem te deu esse anel?	*Who gave you that ring?*
Como se chama a sua ex-mulher?	*What is your ex-wife called?*
Dizem que os querem para amanhã.	*They say that they want them for tomorrow.*
Quando a vejo, fico mais calmo.	*When I see her / it, I become calmer (more calm).*
Ela só o faz quando lhe apetece.	*She only does it when she feels like it.*
Sempre lhes dou uma prendinha (BP uma lembrança) *or* Dou-lhes sempre uma prendinha.	*I always give them a small gift.*
Todos o querem ao mesmo tempo.	*They all want it at the same time.*
Alguém me telefonou?	*Has anyone phoned me?*
Eu me chamo Nelson e me apetece ver um filme.	*I'm called Nelson and I fancy seeing a film.*
Você pode ajudar-me por favor? *or* Você pode me ajudar?	*Can you help me please?*
Tens de me dizer o teu nome.	*You have to tell me your name.*
A tentação é enorme, então não levo a carteira para não os comprar.	*The temptation is huge, so I won't take my purse so I can't buy them.*

ATIVIDADE 45·1

Decide whether the pronouns in the following sentences are in the correct position. Correct those that are wrong. Assume standard European Portuguese.

1. Eles nem me oferecem um cartão. _____

2. Precisas de os comprar. _____

3. Como chamam-se os seus amigos? _____

4. Não me sinto muito bem. _____

5. Ela pensa que compra-o. _____

6. Onde está a minha bolsa? Alguém tem a. _____

7. Poucos o sabem, mas todos o querem. _____

8. Se levantam às 8 horas. _____

9. Podemos ajudar-te? _____

10. Vão sentar-se no sofá. _____

Insert an appropriate pronoun (DOP, IOP, reflexive), according to the clues in parentheses.

1. Dói-(*him*) _____ o joelho.

2. Nunca (*reflexive*) _____ sinto bem depois de dores nos ouvidos.

3. Não (*you, pl.*) _____ doem os dedos?

4. Vamos telefonar-(*them*) _____ depois de amanhã.

5. Eles lembram-(*reflexive*) _____ da dor de cabeça.

6. Não (*it, m.*) _____ queres vender? *or* Não queres vender(*it*) _____?

7. Ele beija-(*her*) _____ na boca.

8. Não (*you, sing., fam.*) _____ vejo. Onde estás?

VOCABULÁRIO

As doenças (*Illness*)

a dor / dores (de dentes)	(tooth)ache
a febre / a febre dos fenos	fever / hay fever
a náusea	sickness, nausea
a tosse	cough
a gripe	flu
o vírus	virus
o stress (BP **estresse**)	stress
a infeção (BP **infecção**)	infection
ser alérgico/a a	to be allergic to
estar constipado/a (BP **resfriado/a**)	to have a cold
estar grávida	to be pregnant
desmaiar	to faint
vomitar / passar mal	to be sick
sofrer de	to suffer from
sentir-se bem / mal	to feel well / ill
sinto-me mal / mal-disposto(a)	I feel ill / out of sorts
queimar(-se)	to burn (oneself)
morder	to bite
picar	to sting
cortar(-se)	to cut (oneself)

Put the pronouns in parentheses into the correct EP position in each sentence.

1. (se) Mary não _____ sente _____ muito bem.

2. (me) _____ esqueço _____ sempre do número.

3. (te) Cuidado! Vais _____ queimar _____!

4. (nos) Por que é que _____ detestam _____?

5. (lhe) _____ Dou _____ creme para a infeção.

6. (o) João _____ compra _____ todos os dias.

7. (o) Diz que tem um vírus, mas que _____ não _____ tem por muito tempo.

8. (vos) Nunca _____ escrevo _____ mais!

9. (lhes) Ela está grávida. Vai _____ mandar _____ uma foto do bebé (BP bebê).

10. (as) Ele _____ vai _____ vendê _____.

Algum and nenhum • The media

Algum and nenhum

To express "some / any," Portuguese uses the word **algum**, which changes its endings like an adjective. The word **nenhum** (with its associated endings) expresses "none / not any." The two words are often used in question and answer sequences.

	SINGULAR, MASCULINE	PLURAL, MASCULINE	SINGULAR, FEMININE	PLURAL, FEMININE
algum (*some / any, some or other, a few, several*)	algum	alguns	alguma	algumas
nenhum (*none, not any, not one, no*)	nenhum	nenhuns	nenhuma	nenhumas

Nenhum = **nem (*not even*) + **um** (*one*).*

Both sets of words can be used with people or things. And all the words agree with the nouns they are linked with.

Uses of algum

- The singular **algum/alguma** is used after a plural statement: *I can't find my books; can you see any (of them)?*
- Portuguese often leaves out the words for *some / any* where they may appear in English: *I need some oranges. I need oranges.*
- The plural indefinite article (**uns/umas**) also expresses "some," but is often replaced by **alguns/algumas**, if expressed at all.
- **Algum/alguma**, etc., is often used for emphasis.
- **Algum/alguma de vocês sabe** (+ *singular verb*) **. . . ?** means "Can any of you . . . ?"
- **Mais** means "any more."
- **Alguma coisa / alguma vez** means "something / sometime."

Uses of nenhum

- **Nenhum/nehuma**, etc., are used in negative responses.
- They are used most often in double negatives (with **não**): *I don't have any. I don't have none* (**não tenho nenhum**).
- The plural forms **nenhuns** and **nenhumas** are far less used; the singular negative tends to be used as the default: *I don't have any cats. I don't have not one cat* (**Não tenho nenhum gato**).

- As with **algum**, **nenhum/nenhuma**, etc., are often omitted: *I haven't any money* (**Não tenho dinheiro**).
- **Nenhum/nenhuma de nós / vocês / eles**, etc., (+ *singular verb*) means "none of us / you / them, etc."
- **Não tenho mais** means "I have none left."
- **Nenhum dos dois / das duas** means "Neither of them."
- **(Em) nenhum lugar** means "Nowhere."
- **Não sei nada** means "I don't know anything."

Examples

Tem algum jornal sobre a economia?	*Do you have any newspaper about the economy?*
Lamento, mas não temos nenhum.	*I'm sorry but we don't have any.*
Algumas pessoas adoram, outras detestam.	*Some people adore (it), others detest (it).*
Não consigo encontrar os meus livros; tu vês algum?	*I can't manage to find my books; can you see any?*
Preciso de manteiga e laranjas.	*I need some butter and oranges.*
Ela tem umas roupas tão bonitas.	*She's got some really pretty clothes.*
Não gosta da música dele? – De alguma, sim, gosto.	*Don't you like his music? – Some of it, yes (I like).*
Não podemos comer mais carne.	*We can't eat any more meat.*
Vocês desejam alguma coisa?	*Do you want anything (something)?*
Algum de vocês sabe consertar um furo?	*Do any of you know how to mend a puncture?*
Algum dia no futuro eu vou ser rica, prometo.	*Some time in the future I'm going to be rich, I promise.*
Há algum problema? – Não, não há nenhum.	*Is there any problem? – No, there's none.*
Que é isto? Não há nenhumas pessoas!	*What's this? There are no people!*
Não compra nenhuma revista durante a semana.	*She doesn't buy any magazine(s) during the week.*
Então, tens leite? – Não, não tenho mais.	*So, have you any milk? – No, I have no more.*
Qual prefere? Para falar a verdade, não gosto de nenhum (dos dois).	*Which do you prefer? To tell you the truth, I don't like any of them (I like none of the two).*
Não vejo uma farmácia em nenhum lugar.	*I don't see a pharmacy anywhere.*
Não sabemos nada acerca do incidente.	*We don't know anything about the incident.*

ATIVIDADE 46·1

Complete the following sentences with the correct word for "some" in numbers 1–5, and the correct word for "none" in numbers 6–10.

1. Vais comer _____ bolo?

2. _____ jornais são muito caros.

3. Você entende _____ coisa?

4. Desculpem, _____ de vocês sabe onde fica o banco?

5. _____ pessoas só falam inglês.

6. Ela não lê _____ livro em casa.

7. Não tenho _____ informação aqui.

8. _____ das enfermeiras recebe muito salário.

9. Não há silêncio em _____ lugar.

10. Não vão participar _____ dos meus amigos.

Write the opposite of each statement or question. Follow the example.

EXEMPLO: Há alguma pessoa na cozinha.   *Não há nenhuma pessoa na cozinha.*

1. Ela tem alguma infeção.   _____

2. Não tenho nenhum medicamento para a tosse. _____

3. Algum dos amigos vai passar mal.   _____

4. Tens alguma informação?   _____

5. Há algumas pessoas alérgicas a penicilina? _____

6. Não existe a tranquilidade em nenhum lugar. _____

7. Ele vende alguns livros sobre o stress.   _____

8. Nenhuma de vocês sabe cantar?   _____

VOCABULÁRIO

Os meios de comunicação* (*The media*)

a televisão	TV
o televisor	TV set
o canal	channel
o programa	program
o documentário	documentary
as notícias / o telejornal	news
a telenovela	soap opera
o concurso	game show
o reality show / programa de talento	reality / talent show
o apresentador/a apresentadora	presenter
o repórter / o(a) jornalista	reporter
a internet	Internet
a rede social	social networking site
a rádio	radio
o rádio	radio set
a transmissão	transmission

*BP A mídia

a imprensa	the press
o/a jornalista	journalist
a imprensa sensacionalista	gutter press
o artigo	article
transmitir	to transmit / broadcast
em direto / ao vivo	live

ATIVIDADE
46·3

(A) Translate the following sentences into English.

1. Qual das telenovelas preferes? – Não gosto de nenhuma.

_____

2. Nenhuma das camisas serve; são todas pequenas.

_____

3. Alguns jornalistas não escrevem a verdade.

_____

4. Temos maçãs e peras, mas já não temos bananas.

_____

5. Sabes que o canal 10 não vai transmitir nenhum programa de talento?

_____

(B) Translate the following sentences into Portuguese.

1. I don't want any more cake, thanks.

_____

2. This reporter doesn't know anything about the political situation.

_____

3. Can any of you speak French?

_____

4. Do you (*pl.*) like any live documentaries?

_____

5. No students work on Saturdays.

_____

Todo and outro • The kitchen

Todo and outro

Both **todo** (*all, every*) and **outro** (*other, another*) change their endings to match the words they are associated with. This chapter explores their basic applications; you will learn more as you progress.

	SINGULAR, MASCULINE	PLURAL, MASCULINE	SINGULAR, FEMININE	PLURAL, FEMININE
todo (*all / all the, every*)	todo	todos	toda	todas
outro (*another [one], other/s*)	outro	outros	outra	outras

*For the use of **tudo** (*everything*), see Chapter 49.

Uses of todo

- ◆ Used on its own, **todo/toda**, etc., works as a pronoun: *I want it/them all.*
- ◆ When followed by a noun, **todo/toda**, etc., needs a definite article (**o/a, os/as**) or a demonstrative (**este, aquele**, etc.) after it; thus the basic translation is always: *all the . . . / all these . . .*
- ◆ **Todo/toda**, etc., can also be followed by pronouns (*all of us*), demonstratives without a noun (*all that . . .*), or numbers (*all 6 of us*).
- ◆ **Todo/toda**, etc., can change position: **todas as laranjas / as laranjas todas**, often for emphasis, or to mean "the whole": **a casa toda** (*the whole house*).
- ◆ **Todo/toda** can be used as an adverb with adjectives: *his face is all dirty.*
- ◆ **Todo/toda**, etc., will make an object pronoun move before the verb if **todo** precedes it: **todos me detestam**.

Uses of outro

- ◆ **Outro/outra**, etc., used on its own works as a pronoun: *another one/others.*
- ◆ "Another" can also be expressed as **mais um/uma**, especially if you want a repeat of something; sometimes **outro/outra** can be taken to mean another different item: *another beer, please / this fork is dirty, could I have another (one)?*

Useful expressions of todo

toda a gente (BP todo o mundo)	*everybody (+ singular verb)*
todos	*everybody (+ plural verb)*
em / por toda a parte	*everywhere*

fazer todo o possível	to do everything possible
ao todo	in all, total
o dia todo = o dia inteiro	all day / the whole day
todos (nós)	all of (us)
todos os dias (BP todo o dia)	every day
em todo caso	in any case

Useful expressions of outro

outra coisa	something else
outra vez	again
no outro dia	the next day
em outro lugar	somewhere else

Examples

Quantos quer minha senhora? – Quero todos se faz favor.	How many do you want madam? – I want them all please.
Todos os patinhos estão no lago.	All the ducklings are on the lake.
Todas aquelas pessoas vão no passeio?	Are all those people going on the trip?
Todos eles (or Eles todos) bebem vinho tinto.	They all drink red wine.
Qual lixo? Todo este aqui.	What rubbish? All this here.
Todos os quatro querem ficar no meu apartamento.	All four of them want to stay in my apartment.
Tu precisas de fazer os exercícios todos or todos os exercícios.	You need to do all the exercises.
Vou passar o inverno todo na Suíça.	I'm going to spend all winter in Switzerland.
A casa está toda suja.	The whole house is dirty. / The house is all dirty.
Todas me convidam à festa.	They all invite me to the party.
Vou tentar fazer todo o possível para ter boas notas.	I'm going to do everything possible to get good marks.
Todo o dia ela faz sempre tudo igual.	Every day she does everything the same.
Desculpe, podemos ter mais duas cervejas, se faz favor?	Excuse me, could we have two more beers, please?
Este bolo é uma delícia, quero comer outro.	This cake is delicious, I want to eat another (one).
Por favor, este copo está lascado; posso ter outro?	Please, this glass is chipped; can I have another?
Algumas pessoas adoram o teatro, outras detestam.	Some people love the theater, others hate it.
Não quero outra, obrigada.	I don't want another one, thanks.
Ela vai fazer compras outra vez.	She's going shopping again.

ATIVIDADE
47·1

*Write the correct form of **todo** in numbers 1–5 and the correct form of **outro** in numbers 6–10.*

1. _____ a noite

2. _____ os alunos

3. _____ as horas

4. O verão _____.

5. _____ nós

6. Você, _____ vez?

7. _____ café

8. _____ carros

9. _____ famílias

10. _____ coisa

Match the sentence beginnings with the sentence endings.

1. Ela vai ver toda _____   a. todo.

2. Gostas do pastel? Não queres _____   b. rede social.

3. São vinte dólares ao _____   c. outros, o telejornal.

4. Quero oferecer um rádio a vocês _____   d. apresentadoras.

5. Não falamos com as outras _____   e. a telenovela.

6. Não gostam daquela outra _____   f. todas.

7. João tem de comer as cenouras _____   g. todos.

8. Alguns preferem documentários, _____   h. outro?

VOCABULÁRIO

A cozinha (*The kitchen*)

o lava-loiças (BP louças)	sink
a torneira	tap
o forno	oven
o fogão	stove
a bancada	countertop / worktop
as prateleiras	shelves
o armário	cupboard
a máquina de lavar loiça (*or* **louça**)	dishwasher
o frigorífico (BP **a geladeira**)	refrigerator
a máquina de lavar roupa	washing machine
o caixote / o balde do lixo	trash can
o microondas	microwave
o fervedor / a chaleira	kettle

os utensílios	utensils
fritar	to fry
bater	to whisk / beat
cozinhar / cozer	to cook / bake
fazer um bolo	to bake a cake
meter (BP colocar) a roupa na máquina	to put the wash in

ATIVIDADE

47·3

Translate the following sentences into Portuguese.

1. Every day she cooks, cleans the kitchen, and puts the wash in the machine.

_____

2. It's possible to buy all the new cupboards via the Internet.

_____

3. This fridge doesn't work; I need another (one).

_____

4. The oven is all dirty.

_____

5. All the shelves are empty.

_____

6. Everybody has a microwave, don't they?

_____

7. We don't want all these utensils.

_____

8. Excuse me, this dishwasher is expensive; do you have another, cheaper one?

_____

Muito, pouco, and tanto • Entertainment

Muito, pouco, and tanto

All three of these words—**muito** (*much, many*), **pouco** (*little, few*), **tanto** (*so much*)—change their endings to agree with whatever they are defining. Refer back to Chapter 28 for other uses of **tanto**.

	SINGULAR, MASCULINE	PLURAL, MASCULINE	SINGULAR, FEMININE	PLURAL, FEMININE
muito (*much, a lot [of], many, a lot [of]*)	muito	muitos	muita	muitas
pouco (*little, a little, a bit, few*)	pouco	poucos	pouca	poucas
tanto (*so much, so many*)	tanto	tantos	tanta	tantas

Uses

- ◆ All three words can be used with nouns (agreeing in number and gender), or as stand-alone pronouns (still maintaining agreement with the noun they otherwise represent).
- ◆ When **muito/muita**, etc., and **pouco/pouca**, etc., appear before a verb, any object pronoun attached to that verb will move in front of it.
- ◆ **Muito**, in that form only, is also used to mean "very," "much," and "too," and works as an adverb. In these cases, it never changes its ending.
- ◆ **Pouco** and **tanto** can also be used as adverbs: *little, as much, so much* (see Chapter 28).

Useful expressions

um pouco / um pouquinho	*a little, a bit / a tiny bit*
um pouco de . . .	*a bit of*
poucas vezes	*rarely*
pouco a pouco	*bit by bit*
muito tempo	*a long time*
muitas vezes	*often*
muito melhor	*much better*
tanto tempo	*so long*
30 e tantas pessoas	*30-odd people (30 or so)*
Tanto faz!	*It's all the same to me!*

Examples

Não tenho muito dinheiro.	*I don't have much money.*
Ela conhece poucas pessoas.	*She knows few people.*
Ele come tanta carne!	*He eats so much meat!*
Quanto queijo? Não muito, obrigada.	*How much cheese? Not much, thanks.*
Quantos amigos vêm? Poucos.	*How many friends are coming? Few.*
Ganho $85,000 dólares. – Tanto?!	*I earn $85,000 dollars. – So much?!*
Muitos lhe dão presentes, poucos lhe dizem a verdade.	*Many give him presents, few tell him the truth.*
Estamos muito felizes.	*We are very happy.*
Este casaco é muito apertado.	*This coat is very (too) tight.*
Ela fala pouco.	*She speaks little.*
Eles brincam tanto.	*They play so much.*
Vou poucas vezes ao cinema.	*I rarely go to the cinema.*
Ela sente-se muito melhor agora.	*She feels much better now.*
Meu Deus! Parece haver 40 e tantas pessoas nesta festa!	*Goodness! (My God!) There appear to be 40 or so people at this party!*

ATIVIDADE 48·1

Translate the following phrases into Portuguese.

1. a lot of sun _____
2. little rain _____
3. so much money _____
4. many books _____
5. so many bicycles _____
6. few actors _____
7. a bit of salad _____
8. much water _____
9. so much pollution _____
10. so long _____
11. little (not much) wine _____
12. much better _____

ATIVIDADE 48·2

*Complete the following sentences with the correct form of **muito**, **pouco**, or **tanto**, according to the clues in parentheses.*

1. Esta cozinha não tem (muito) _____ prateleiras.
2. (pouco) _____ pessoas sabem cozinhar bem.

3. Há (tanto) _____ lixo no caixote que está a cheirar mal.

4. Não gostamos deste hotel porque há (muito) _____ barulho.

5. (pouco) _____ homens metem a roupa na máquina para lavar.

6. A viagem vai ser (muito) _____ bem organizada.

7. Ela quer fazer este bolo, mas precisa de (tanto) _____ manteiga.

8. Esta empresa dá (pouco) _____ oportunidade para o desenvolvimento (*development*) profissional.

VOCABULÁRIO

Os divertimentos (*Entertainment*)

um espetáculo	a show
o teatro	theater
o lugar	seat
o intervalo	interval
a representação / atuação	performance
a estreia	premiere
a peça	play
a ópera	opera
o balé	ballet
o concerto	concert
o circo	circus
a bilheteira (BP **a bilheteria**)	ticket office
o clube / a boate / a discoteca	nightclub / disco
os fogos-de-artifício	fireworks
recomendar	to recommend
divertir-se	to enjoy oneself
sair (com)	to go out (with)
ir ter com	to go and meet up with
convidar	to invite
reservar	to reserve / book

ATIVIDADE
48·3

*Answer the questions by using the opposite (**muito** or **pouco**) in your answer. If the question uses **quanto**, answer with **tanto**. Use the correct forms in each case. Follow the examples.*

EXEMPLOS:　　Há muita água no lago?　　_Não, há pouca._

　　　　　　Quantas pessoas estão no barco?　　_Tantas!_

1. Há muitas peças ao teatro?　　_____

2. Vais trabalhar poucas vezes, não é?　　_____

3. Quantos intervalos tem durante a representação?　　_____

4. O seu pai tem pouca paciência? _____

5. Eles lançam poucos fogos-de-artifício? _____

6. Mary fala muito espanhol? _____

7. Quanto dinheiro custa um bilhete para o circo? _____

8. Esta feijoada (*bean stew*) tem muita carne? _____

9. Podes recomendar muitos concertos? _____

10. Vocês têm pouco leite em casa? _____

Alguém, ninguém, tudo, and nada • Languages and nationalities

Alguém (*someone*), ninguém (*no one*), tudo (*everything*), and nada (*nothing*)

The previous chapters have all dealt with defining words (or descriptive words) that all change their endings to match the noun they describe, or as they act as pronouns. This chapter looks at four useful words which never change their endings: **alguém** (*someone*), **ninguém** (*no one*), **tudo** (*everything*), and **nada** (*nothing*).

		USE WITH
alguém (*someone, somebody, anyone, anybody*)	ninguém (*no one, nobody, not anyone*)	*people*
tudo (*all, everything*)	nada (*nothing, not anything*)	*things*

Uses

- **Alguém** can start a sentence as "Someone / Somebody . . . ," or be used as a question-opener, such as "Did someone (anyone) . . . ?", or as part of a question, such as "Is there anyone / someone there?"
- In order to express the negative idea of "I didn't see anyone," you use a negative verb followed by **ninguém**, not **alguém**.
- **Ninguém** can open a statement (*No one / Nobody tells her anything*); it is used with a double negative, with **não** (**não há ninguém** . . . [*there is no one*]); it can also be used as a question (*So then, no one broke this?*).
- **Tudo** is a neutral form of **todo**, which you learned about in Chapter 47. However, **tudo** never changes its ending as it never refers to a specific noun. It is a general, nonspecific expression of "all, everything": *it's all very cheap here; I'll take everything; how much is it all?*
- **Nada** can be used as a stand-alone negative to open a statement: *Nothing will make me feel better.* It is used with **não** as a double negative: *He eats nothing.* It can be used as a single-word answer to a question: *What can you hear? Nothing.*
- All the above four expressions make object pronouns move before a verb (see Chapter 45).

Useful expressions

ser alguém na vida	*to be someone in life*
Há alguém aí?	*Is there anybody there?*
ninguém mais / mais ninguém	*no one else*
ser um joão-ninguém (BP)	*to be a nobody*
tudo isto	*all this*
tudo bem (?)	*OK (?)*
tudo o que . . .	*all that . . .*
primeiro que tudo	*first of all*
nada mais / mais nada	*nothing else*
quase nada	*hardly anything*
De nada!	*Don't mention it!*
Não é nada.	*It's nothing.*

Examples

Alguém sabe a verdade? Quem?	*Does anyone know the truth? Who?*
Alguém vai limpar a casa?	*Is anyone going to clean the house?*
Está (BP Tem) alguém em casa?	*Is there anyone home?*
Não vi ninguém.	*I didn't see anyone.*
Ninguém fala chinês aqui.	*No one speaks Chinese here.*
Não há ninguém na bilheteira.	*There's no one in the ticket office.*
Então, ninguém vai confessar?	*So, no one's going to confess?*
Tudo isto é tão bonito.	*All this is so pretty.*
Vou levar tudo, obrigada.	*I'll take it all, thanks.*
Quanto é tudo?	*How much is it all?*
Nada ajuda; ela sente-se transtornada.	*Nothing helps; she feels distraught.*
Qual é o problema? Ele não come nada.	*What's the problem? He eats nothing. / He doesn't eat anything.*
Ouves algum barulho? Não, nada.	*Can you hear a noise? No, nothing.*
Alguém me deu um anel—quem foi?	*Someone gave me a ring—who was it?*
Nada lhe fará desistir.	*Nothing will make her give up.*
Eles gritam, mas ninguém os ouve.	*They shout but no one hears them.*
Tudo te agrada?	*Does it all please you?*
Peter quer ser alguém na vida, talvez médico.	*Peter wants to be something in life, perhaps a doctor.*
Primeiro que tudo, devo admitir que tenho medo das aranhas.	*First of all, I have to admit that I am frightened of spiders.*
Não há lugares; por favor, senhores, mais ninguém . . .	*There are no places / seats; please, ladies and gentlemen, no one else . . .*
O que tens? Estás ferido? Não, não; não é nada.	*What's the matter? Are you injured? No, no; it's nothing.*

ATIVIDADE 49·1

(A) *Translate the following sentences into English.*

1. Alguém está a gritar.

_____

2. Não há ninguém na rua.

_____

3. Adoro tudo.

_____

4. Ela não vai comprar nada.

_____

5. Absolutamente nada!

_____

(B) Translate the following sentences into Portuguese.

1. No one knows.

_____

2. He eats everything.

_____

3. Is anyone going?

_____

4. There's nothing.

_____

5. Thanks! Don't mention it!

_____

ATIVIDADE
49·2

Write the opposite of each statement or answer the question using the opposite word.
Don't forget to use double negatives if appropriate. Follow the example.

EXEMPLO: Há alguém na bilheteira?   *Não, não há ninguém.*

1. Quero convidar alguém à ópera.   _____

2. Então, bebes tudo?   _____

3. Não há ninguém na discoteca.   _____

4. Ninguém lhe dá um presente?   _____

5. Recomendo tudo aqui.   _____

6. Não gostam de nada?   _____

7. Este espetáculo não oferece nada para se divertir.   _____

8. Há alguém na biblioteca?   _____

As línguas e as nacionalidades (Languages and nationalities)

The term for each language is usually the same as the masculine singular form for the nationality. Words of nationality are adjectives and can describe people, places, and things. Capital letters are generally not used.

NATIONALITY	SINGULAR, MASCULINE	PLURAL, MASCULINE	SINGULAR, FEMININE	PLURAL, FEMININE	MAIN LANGUAGE
North American	(norte) americano	americanos	americana	americanas	inglês / espanhol
Canadian	canadiano or canadense	canadianos (BP canadenses)	canadiana	canadianas	inglês / francês
Australian	australiano	australianos	australiana	australianas	inglês
Brazilian	brasileiro	brasileiros	brasileira	brasileiras	português
Angolan	angolano	angolanos	angolana	angolanas	português
Mexican	mexicano	mexicanos	mexicana	mexicanas	espanhol
Argentinian	argentino	argentinos	argentina	argentinas	espanhol
Italian	italiano	italianos	italiana	italianas	italiano
Greek	grego	gregos	grega	gregas	grego
Russian	russo	russos	russa	russas	russo
Indian	indiano	indianos	indiana	indianas	hindi
English	inglês	ingleses	inglesa	inglesas	inglês
Portuguese	português	portugueses	portuguesa	portuguesas	português
Danish	dinamarquês	dinamarqueses	dinamarquesa	dinamarquesas	dinamarquês
Chinese	chinês	chineses	chinesa	chinesas	chinês
Japanese	japonês	japoneses	japonesa	japonesas	japonês
Spanish	espanhol	espanhóis	espanhola	espanholas	espanhol
German	alemão	alemães	alemã	alemãs	alemão
Arabian	árabe	árabes	árabe	árabes	árabe

ATIVIDADE

49·3

(A) Translate the following sentences into English.

1. Alguém fala grego?

_____

2. Ninguém gosta do vinho francês.

_____

3. Quero aprender tudo sobre a cultura árabe.

_____

4. Este livro não diz nada acerca da história russa.

_____

5. Alguém vai abrir uma loja de produtos brasileiros.

_____

(B) Translate the following sentences into Portuguese.

1. Is there anyone in the park?

   _____

2. She hardly likes anything (She doesn't like hardly anything).

   _____

3. First of all, someone needs to close the door.

   _____

4. It's difficult when no one wants to help.

   _____

5. It's all so expensive.

   _____

Quantities and packages • The supermarket

Quantities

You may wish to review numbers and measurements (Chapter 29), and any vocabulary related to food and drink, or shopping, before you start this chapter. Metric is used here for practice in Portuguese-speaking countries.

Weight / capacity: a reminder

- um quilo / meio quilo / um quilo e meio / um grama / 250 gramas
- um litro / meio litro / um litro e meio / um quarto de litro / um mililitro

Common packages / quantities*:

uma lata	*a (tin) can*
uma garrafa / meia garrafa	*a bottle / half-bottle*
uma caixa	*a box*
um pacote	*a packet*
um boião (hermético)	*a (sealed) glass bottle / pot / jar*
um frasco	*a jar / pot*
um vidro (BP)	*a pot / jar*
um pote	*a pot*
um rolo	*a roll*
um par	*a pair*
uma embalagem	*a parcel / package*
um tubo	*a tube*
uma barra	*a bar*
um tablete	*a bar*
um pedaço	*a piece, slice*
uma fatia (fina)	*a slice (esp. used with ham / cheese)*
uma dúzia / meia dúzia	*a dozen / half dozen*
um saco	*a bag*
um saquinho	*a small bag / sachet*

Specific package expressions

um maço de cigarros	*a packet of cigarettes*
um cacete / uma carcaça (BP uma baguete)	*a baguette / loaf of bread*
uma cabeça de alface (BP um pé de alface)	*a head of lettuce*

*Each word or phrase is followed by **de** (*of*).

um dente de alho	a clove of garlic
um cacho de uvas / bananas	a bunch of grapes / bananas
um pé de (alho / alface)	a head of, a whole of
(BP um dente de alho)	(garlic / lettuce)
uma peça de carne	a meat joint

VOCABULÁRIO

| cada | each |
| por unidade | per item, unit chapter |

ATIVIDADE 50·1

Translate the following phrases into Portuguese.

1. 1 kilo of potatoes _____

2. 6 slices of ham _____

3. a bottle of lemonade _____

4. a pair of boots _____

5. ½ liter white wine _____

6. 4 cans of soup _____

7. a dozen eggs _____

8. two packets of butter _____

9. three boxes of matches _____

10. a tube of sun cream _____

11. a bunch of bananas _____

12. a joint of pork _____

ATIVIDADE 50·2

Match each quantity / package to an appropriate product.

1. um cacho de . . . _____   a. cigarros mexicanos

2. uma peça de . . . _____   b. iogurte grego

3. dois maços de . . . _____   c. pasta dentífrica (BP creme dental)

4. um rolo de . . . _____   d. alemães

5. cinco saquinhos de . . . _____   e. uvas francesas

6. três tubos de . . . _____
7. meia dúzia de potes de . . . _____
8. um litro de . . . _____
9. um par de sapatos . . . _____.
10. 250 gramas de . . . _____

f. água mineral
g. chá verde chinês
h. queijo
i. carne de vaca
j. papel higiénico

VOCABULÁRIO

O supermercado (*The supermarket*)

(a secção [BP seção] de) comida enlatada / as conservas	canned food (section)
os congelados / a comida congelada	frozen foods
a comida / alimentação para animais	pet food
a peixaria	fish section
a charcutaria	deli
a perfumaria / a drogaria	toiletries / household goods
os artigos para bebé (BP bebê)	baby products
o corredor	aisle
o scanner	scanner
o balcão	counter
a etiqueta	label
o preço	price
a caixa	cash-till / check-out
o carrinho	trolley
o cesto	basket
só (esta semana)	only (this week)
estar em promoção / ter desconto de / estar em oferta	to be on sale (on offer) / discounted
leve 2, pague 1!	2-for-1!
tirar uma senha	to take a ticket
esperar na fila	to wait in line (the queue)

ATIVIDADE
50·3

Translate the following sentences into Portuguese.

1. In my basket I only have a bottle of red wine.

   _____

2. Those bars of chocolate cost $2 each.

   _____

3. These packets of biscuits are on sale.

   _____

4. They want a dozen eggs and a loaf of bread.

   _____

5. She needs to buy four cans of cat food from the pet food section.

_____

6. Do you sell cans of tomatoes?

_____

7. We are going to the deli to buy ½ kilo of cheese and 10 slices of bacon.

_____

8. Do you have boxes of matches?

_____

9. What's the price of a jar of honey?

_____

10. I buy a slice of chocolate cake every week.

_____

English–Portuguese glossary

(Note: BP = *Brazilian Portuguese usage* / EP = *European Portuguese*)

A

about (time) lá para (BP)
abroad ao estrangeiro (BP no exterior)
accident o acidente
to act / play a role apresentar
actor/actress o ator/a atriz
adventure . . . de aventura
Africa a África
after (doing . . .) depois (de + *infinitive*)
to agree / disagree with concordar / não concordar com
air-conditioning o ar condicionado
aisle o corredor
alarm clock o despertador
all over the world em todas as partes do mundo, no / pelo mundo inteiro
to allow, permit permitir
also, too também
aluminium o alumínio
always sempre
Am I interrupting? Estou a incomodar? (BP Estou incomodando?)
American americano/a
Angolan angolano/a
angry zangado/a
animated film o filme de desenhos animados
ankle o tornozelo
annoyed chateado/a
annual anual, anualmente
to answer responder
aperitive o aperitivo
appetizers, starters as entradas
April abril
Arabian árabe
architect o arquiteto / a arquiteta
Are you well? Passou bem? (*sing, pol.*)
Argentinian argentino/a
arm o braço
armchair a poltrona

arrivals as chegadas
to arrive chegar
to arrive early / be ahead chegar cedo / adiantar-se
arrogant arrogante
Art and design a arte e o desenho
article o artigo
Asia a Ásia
assault o assalto
to assault assaltar
at last por fim
at night de / da noite / à noite
athletics o atletismo
to attack atacar
attic o sótão
August agosto
aunt a tia
Australasia a Australásia
Australian australiano/a
author o autor/a autora
autumn o outono
avenue a avenida

B

baby products os artigos para bebé (BP bebê)
back as costas (*pl.*)
bad luck o azar
bad / nasty mau / má
bag a bolsa, o saco
baggage reclaim a recolha de bagagens
baggage trolley o carrinho (de bagagens)
to bake cozer
to bake a cake fazer um bolo
bakery a padaria
ball a bola
ballet o balé
bank o banco
bar o bar
basement a cave (BP o porão)

basket o cesto
basketball o basquetebol (BP o basquete)
bathroom a casa de banho (BP o banheiro)
bathrooms, restrooms os lavabos (BP banheiros)
bathtub a banheira
to be estar / ser
to be able to, can poder
to be about to . . . / to be yet to . . . estar por . . .
to be allergic to ser alérgico/a a
to be bald ser careca
to be on sale / discounted estar em promoção / ter desconto de / estar em oferta
to be on vacation estar de férias
to be pregnant estar grávida
to be sick vomitar / passar mal
to be trapped ficar imobilizado / preso(a)
to be / feel warm, hot (*for people*) estar com calor
to be / start / arrive on time estar / começar / chegar na hora (certa) / a tempo
beach a praia
beach ball a bola de praia
beach shelter / windbreak o toldo / a barraca
beach towel a toalha de praia
beach umbrella o guarda-sol / o pára-sol
bear o urso
bed a cama
bedroom o quarto (de dormir) / o dormitório
bedside table a mesa de cabeceira
before (doing . . .) antes (de + *infinitive*)
belly / stomach a barriga / o estômago
better melhor
bill a conta
Biology a biologia
birds as aves / os pássaros
bird-watching a ornitologia
to bite morder
blackmail a chantagem
bland insosso/a
block / district o quarteirão / o bairro, a zona
blonde louro/a
blouse a blusa
blue azul / azuis (*pl.*)
board (white / black) o quadro
to board embarcar
boat / ship / ferry o barco / navio / ferry
bone o osso
book o livro
the book / film is about . . . o livro / o filme trata-se de . . .
bookcase a estante
books for children / adults livros para crianças / adultos
bookshelf a prateleira
bookstore a livraria
boots as botas
bored, boring aborrecido/a

boy o menino
Brazilian brasileiro/a
to break partir / quebrar
breakfast (included) o pequeno-almoço (BP café da manhã) (incluído)
briefcase / file a pasta
to bring trazer
brother o irmão
brothers and sisters os irmãos
to browse / surf navegar
brunette, brown castanho/a
to brush / comb one's hair peinar-se (BP pentear-se)
bucket o balde
builder o construtor/a construtora
building o edifício, o prédio
to burn (oneself) queimar(-se)
to burst, explode explodir
bus o autocarro (BP o ônibus)
bus stop a paragem (BP o ponto de ônibus)
business person o empresário/a empresária
busy (street) movimentado/a
butcher shop o talho (BP o açougue)
to buy comprar
by chance por acaso
Bye! Tchau!

C

café (*also* coffee) / snack-bar o café, (BP a lanchonete)
cake o bolo
cake shop / café a pastelaria
calm calmo/a
Can / May I try on? Posso experimentar?
candidate o candidato/a candidata
canned food (section) (a secção [BP seção] de) comida enlatada / as conservas
capital a capital
car o carro / automóvel
car rental (agency) (a agência) de aluguer / aluguel de carros / automóveis
cash-till / check-out a caixa
castle o castelo
cat o gato
to catch apanhar (BP pegar)
cell phone o telemóvel (BP o celular)
centimeter o centímetro
Central / Latin America a América Central / Latina
century o século
chair a cadeira
channel o canal
charger o carregador
cheap barato/a
cheap eating place (EP) a tasca
check-in o check-in
to check-in fazer o check-in
cheerful alegre
cheese o queijo
Chemistry a química

chest of drawers a cómoda
chest o peito
chicken o frango
children os filhos / as crianças
childhood a infância
china, porcelain a porcelana
Chinese chinês/chinesa
church / temple a igreja / o templo
cinema o cinema
circus o circo
classroom a sala de aula
clean limpo/a
to clean limpar
climate o clima
to climb, go up escalar, subir
clock o relógio
to close, shut fechar
clouds as nuvens
coffee o café
cold frio/a
collection a coleção
colonel o coronel
to come vir
comedy a comédia
comes out / shows for the first time estreia
comic, comic strip a banda desenhada (BP história
    em quadrinhos)
computer games os jogos electrónicos (BP electrônicos)
computer o computador
computing a informática
concert o concerto
confectioner's a confeitaria
to connect ligar
consequently por conseguinte
constitution a constituição
content / happy contente / feliz
continent o continente
to cook / bake cozinhar / cozer
cooker / stovetop o fogão
correct certo/a
cotton o algodão
cough a tosse
counter o balcão
countertop / worktop a bancada
country / countries o país / os países
cow a vaca
crab o carangeujo
creamy cremoso/a
crime / police policial / policiais
criminal o criminoso
to criticise criticar
cultural cultural / culturais
cupboard (*also* **cabinet / wardrobe**) o armário
curly encaracolado/a
customs a alfândega
to cut (oneself) cortar(-se)
cyclones os furacões / ciclones

D

daily diário, diariamente
to dance dançar
Danish dinamarquês/dinamarquesa
dark escuro/a
daughter a filha
day o dia
the day after tomorrow depois de amanhã
the day before yesterday anteontem
debate, discussion o debate
to debate, discuss debater
decade a década
December dezembro
to decide decidir
deckchair a espreguiçadeira
to declare / not declare para declarar / nada a declarar
degree a licenciatura
to delay / be late atrasar-se
deli a charcutaria
democracy a democracia
dentist o/a dentista
department store o grande armazém (BP o magazine)
departure lounge / gate a sala / a porta de embarque
departures as saídas
desk a escrivaninha / a secretária
desk / table a carteira / a mesa
different diferente
difficulty a dificuldade
digital digital
to dine jantar
dining room a sala de jantar
dinner o jantar
dirty sujo/a
dish of the day o prato do dia
dishwasher a máquina de lavar loiça (*or* louça)
to dive mergulhar
to divide dividir
to do, make fazer
to do the shopping fazer as compras
Do you mind . . . ? Importa-se de . . . ?
Do you not mind . . . ? Não se importa de . . . ?
doctor o médico/a médica
doctorate o doutorado
document o documento
documentary o documentário
dog o cão (BP cachorro)
doll a boneca
Don't mention it. De nada.
Don't worry. Não se preocupe. (*pl.* preocupem)
door a porta
double room o quarto duplo (*or* quarto de casal)
to download fazer download
down(wards), downstairs para baixo
downstairs em baixo
to draw desenhar
drawer a gaveta
dress o vestido

dressing table o toucador
dressmaking (sewing) a costura
to drink beber
drinks as bebidas
drug trafficking o tráfico de droga
to dust limpar / tirar o pó (de)
duty-free (shops) (as lojas) duty-free / as lojas francas

E

each cada
each day cada dia
ear (outer) a orelha
early cedo
east o (l)este
Easter a Páscoa
to eat comer
economic austerity a austeridade fiscal
Economics a economia
education / teaching o ensino
elbow o cotovelo
to elect eleger
elections as eleições
e-mail (message) a mensagem / o e-mail
e-mail address a morada (BP o endereço) de e-mail /
     o e-mail
emergency services os serviços de emergência
empty vazio/a
engineer o engenheiro
English inglês/inglesa
to enjoy gostar (de), desfrutar (de)
to enjoy oneself divertir-se
entrance / hallway a entrada / o vestíbulo
environment o (meio) ambiente
Europe a europa
every day todos os dias
exactly, on the dot em ponto
excited emocionado/a
Excuse me (to get past / interrupt). Com licença.
Excuse me / Sorry! Desculpe!
exercise o exercício
to exist existir
explosion a explosão
eye o olho

F

to faint desmaiar
fair claro/a
to fall cair
family a / de família
fantastic fantástico/a
farm animal o animal da quinta (BP da fazenda)
farmer o agricultor (BP fazendeiro)/a agricultora
     (BP fazendeira)
fashion store a boutique, a loja de roupas
fast food a comida rápida
fast rápido/a
fat gordo/a

father o pai
February fevereiro
to feel well / ill sentir-se bem / mal
fever / hay fever a febre / a febre dos fenos
fiction a ficção
field o campo
to fight for / combat lutar por / combater
fight against . . . a luta contra . . .
film o filme
finger o dedo
fire o incêndio
fire! fogo!
fireworks os fogos-de-artifício
fish o(s) peixe(s)
fishmonger's / fish section a peixaria
to fit (serve) servir
florist shop a florista
flu a gripe
fog o nevoeiro
food court, eating area a zona de restaurantes
food a comida
foot o pé
for (her, your) age para (a sua) idade
for (the) love of por amor de
for dessert para sobremesa
for example por exemplo
for me . . . para mim . . .
for starters para começar
forever para sempre
to forget esquecer-se de
fortnight a quinzena / 15 (quinze) dias
forward(s) para diante
fraud a fraude
freedom a liberdade
French francês/francesa
to frequent, be at / in andar (no, na) . . .
Friday a sexta-feira / *abbrev.* sexta / 6ª
friend o amigo/a amiga
frog o rã
from . . . onwards a partir de . . .
frozen foods os congelados / a comida congelada
fruit a fruta
fruit juice o sumo (BP o suco) de frutas
to fry fritar
full board a pensão completa
full cheio/a
fun / funny divertido / engraçado(a)
furniture store a loja de mobílias / móveis

G

gallon o galão
game show o concurso
game, match o jogo, a partida
game room a sala de jogos
gardening a jardinagem
Geography a geografia
German alemão/alemã

to get dressed vestir-se
to get late ficar tarde
to get washed lavar-se
girl a menina
to give dar
glass o vidro
glasses, spectacles os óculos
global warming o aquecimento global
to go ir
to go and meet up with ir ter com
to go by bike andar de bicicleta
to go down, descend descer
to go for walks, strolls fazer passeios / passear
to go home ir para casa
to go out (with) sair (com)
to go shopping ir às compras
to go to bed / lie down deitar-se
gold o ouro
golf o golfe
good (fit) / bad to eat (for eating) bom / mau para comer
government o governo
to graduate (in) licenciar-se (em)
gram o grama
grandchildren os netos
granddaughter a neta
grandfather o avô
grandmother a avó
grandparents os avós
grandson o neto
Great! Ótimo!
Greek grego/a
green verde
grey cinzento / grisalho(a)
grocer a mercearia
ground floor o rés-do-chão (BP térreo)
group a turma
to guarantee garantir
guinea pig o porquinho-da-índia
gutter press a imprensa sensacionalista
gym o ginásio

H

hair o cabelo
half board a meia-pensão
hand (minute / hour) o ponteiro (dos minutos / das horas)
hand luggage a bagagem de mão
hand a mão
to happen acontecer
happy / content feliz / contente
hardware store a loja de ferragens
hard-working trabalhador/a
to have (drink, food) / to eat / to drink tomar / comer / beber
to have a bath / shower banhar-se
to have a cold estar constipado/a (BP resfriado/a)

to have a good time, enjoy oneself divertir-se
to have a vacation tirar férias
to have lunch almoçar
to have to, must dever
he ele
head a cabeça
health food store a loja de comida natural / comida macrobiótica
health a saúde
to hear, listen to ouvir
to help ajudar
Help! / Fire! / Watch out! Socorro! / Fogo! / Cuidado!
here aqui, cá
high / secondary school a escola secundária
higher education o ensino superior
hill o monte / o morro / a colina
hillside / slope a encosta
historic, historical histórico/a
historical drama / romance o romance histórico
History a história
hockey o hóquei
holidays as férias
honest honesto/a
hospital o hospital
hot quente
hotel o hotel
hour a hora
house a casa
How are you? Como está(s), estão?
huge enorme
hunger a fome
hungry com fome
to hurt / ache / have a pain doer
hurt me (*pl.* body part) doem-me . . .
hurts me (*sing.* part of body) dói-me . . .
husband o marido / esposo

I

I eu
I feel ill / out of sorts sinto-me mal / mal-disposto(a)
I'm well. Estou bem.
identity theft o roubo de identidade
ill / sick doente
impatient impaciente
important importante
in (an hour / 10 minutes') time daqui a (uma hora / 10 minutos)
in (May) em (maio)
in full por extenso
in God's name / for God's sake! por Deus / pelo amor de Deus!
in order to do something para + *infinitive*
in the afternoon(s) / early evening de / da tarde
in the early morning da madrugada
in the morning(s) de / da manhã
in writing por escrito
inch a polegada

Indian indiano/a
infection a infeção (BP infecção)
information desk o balcão de informações
injured ferido/a
inner ear o ouvido
insects os insetos
inside (por) dentro
intelligent inteligente
interested interessado/a
Internet a Internet
interval o interval
to invite convidar
iron o ferro
Is there / Do you have a table for . . . ? Há / Tem uma
  mesa para . . . ?
It doesn't matter. Não faz mal.
it is / they are of . . . é / são de . . .
IT a informática
IT (designer) o desenhador (programador)/a
  desenhadora (programadora) de informática
  (BP designer de TI)
it's cold faz frio / há frio / está frio
it's delicious! é uma delícia!
it's hot faz frio / há calor / está calor / está quente
it's raining há chuva / chove / está a chover (BP está
  chovendo)
it's still / yet to be done está por fazer
it's windy faz vento / há vento / está ventoso
Italian italiano/a
itinerary o itinerário

J

January janeiro
Japanese japonês/japonesa
jealous ciumento/a
jeans as calças de ganga (BP o jean / os jeans)
jeweller / goldsmith a joalharia / a ouriversaria
journalist o/a jornalista
journey a viagem
July julho
June junho
Just a moment. Só um momento.

K

kettle o fervedor / a chaleira
key a chave
keyboard o teclado
to kidnap sequestrar
kilogram o quilograma
kilometer o quilómetro (BP quilômetro)
kindergarten / nursery o jardim-de-infância /
  a creche
kitchen a cozinha
knee o joelho
knife a faca
to knit tricotar
to know (person / place) conhecer

to know (thing, fact, how to) saber

L

label a etiqueta
lake o lago
landscape / view a paisagem
landslide o desmoronamento
Languages as línguas
laptop o laptop
to last / take time durar / demorar / levar
last week a / na semana passada
late tarde / atrasado(a)
later mais tarde
lawyer o advogado/a advogada
lazy preguiçoso/a
leather o couro / cabedal
to learn / study aprender / estudar
to leave the house sair da casa
Left (wing) a Esquerda
leg a perna
leopard / jaguar o leopardo / o jaguar (BP a onça)
letter a carta
library a biblioteca
lift / elevator o ascensor / o elevador
light meal a refeição ligeira
lightning os relâmpagos
to like gostar
Likewise. Igualmente.
Literature a literatura
liter o litro
live em direto / ao vivo
to live morar, viver
lizard a lagarta
to lodge a complaint / press charges apresentar (uma)
  queixa
to log on fazer log-in
long comprido/a
to lose / get lost perder, perder-se
lounge / living room a sala (de estar)
lunch o almoço
to lunch almoçar

M

made of / from feito/a
magazine a revista
main course o prato principal
to make a complaint fazer uma queixa / uma
  reclamação
man o senhor (*pl.* os senhores)
map o mapa
marble o mármore
March março
market o mercado
married casado/a
Masters (degree) o mestrado
Math a matemática
May maio

meadow o prado
meal a refeição
meanwhile por enquanto
to measure (a x b) medir (a vezes b)
meat a(s) carne(s)
the menu, please a ementa (BP o cardápio) se faz favor (BP por favor)
meter o metro
Mexican mexicano/a
microwave o microondas
mile a milha
milk o leite
milkshake a batida
milliliter o mililitro
millimeter o milímetro
mischievous travesso/a
mobile / cell phone o telemóvel (BP o celular)
moderate moderado/a
modern moderno/a
modest modesto/a
Monday a segunda-feira / *abbrev.* segunda / 2ª
money o dinheiro
month o mês
monthly mensal, mensalmente
mosque / synagogue a mesquita / a sinagoga
mother a mãe
motorbike / scooter a moto(cicleta)
mountain a montanha
mouse o rato
mouth a boca
MP (member of parliament / congress) o deputado
multimedia message a mensagem multimédia
music store a loja de música
music a música

N

name o nome
nation a nação
natural fibers as fibras naturais
nature a natureza
never nunca
news as notícias / o telejornal
newsstand / kiosk o quiosque / a tabacaria
next (week, year) para (a semana, o ano) (BP na semana)
next week a / na próxima semana
nice, pleasant, friendly simpático/a
nightclub / disco o clube / a boate / a discoteca
non-alcoholic drink a bebida não- alcoólica
normally, usually normalmente
north o norte
North / South America a América do norte / do sul
nose o nariz
Not at all. Não tem de que.
notebook o caderno
to notify (e.g., the police) participar . . .
novel o romance

November novembro
nurse o enfermeiro/a enfermeira

O

ocean o oceano
October outubro
to offer oferecer
office / study o escritório
OK? OK. Tudo bem? Tudo bem.
on (Monday–Friday) na (segunda–sexta)
on Saturday / Sunday no sábado / domingo
on the first / second floor no primeiro / segundo andar
on the next day no dia seguinte
on the other hand por outro lado
on your own (account) por sua conta
one-way (ticket) de ida / simples
only (this week) só (esta semana)
to open abrir
opera a ópera
optician o oculista
optimistic otimista
orange a laranja
to order, to ask for, request pedir
ounce a onça
out of habit por hábito
outside (por) fora
oven o forno

P

to paint pintar
pantry / storeroom a despensa
paper o papel
parents os pais
park o parque
parking o estacionamento
to participate (in) participar (de)
party a festa
to pass, spend (time) passar
passenger o passageiro
passport o passaporte
passport control o controle de passaportes
path, way o caminho
PE (physical education) a educação física
pen / pencil / ruler a caneta / o lápis / a régua
people o povo
per se por si
performance a representação / atuação
perhaps talvez
person a pessoa
pessimistic pessimista
pet food a comida / alimentação para animais
pet o animal de estimação / o animal doméstico
pharmacy, drugstore a farmácia
Philosophy a filosofia
photography a fotografia
Physics a física
pig o porco

pint o pinto (BP quarilho)
pistol a pistola
pizza parlour a pizzaria
plane o avião
plans os planos
plastic o plástico
platinum a platina
play (theatrical) a peça
to play brincar
to play (music) tocar
to play (game, sports) jogar, praticar
player (of . . .) o jogador/a jogadora (de . . .)
pleasant simpático/a
Please . . . (do) Faça (*pl.* Façam) favor de . . .
Pleased to meet you. Muito prazer.
plumber o canalizador/a canalizadora (BP encanador/ encanadora)
poetry a poesia
police o(a) policial / o(a) polícia
to polish dar brilho (a)
political party o partido político
politician o político/a política
politics a política
pollution a poluição
pool a piscina
poor thing coitado/a
poor pobre
Portuguese português/portuguesa
possible possível
postcard o postal (*pl.* postais)
pottery a cerâmica
pound a libra
poverty a pobreza
prejudice o preconceito
premiere a estréia
presenter o apresentador/a apresentadora
press a imprensa
pretty / handsome bonito / lindo(a)
price o preço
primary school a escola primária
problem o problema
program o programa
promenade o passeio marítimo / a beira-mar
to protect proteger
to protest (against) protestar (contra)
psychologist o psicólogo/a psicóloga
public transport o(s) transporte(s) público(s)
pupil o aluno/a aluna
to put pôr
to put the wash in meter (BP colocar) a roupa na máquina

Q

quality a qualidade
question a pergunta
to question perguntar
quickly rapidamente, depressa

R

rabbit o coelho
racism o racismo
radio a rádio
radio set o rádio
rain a chuva
to rain chover
to read / write / spell ler / escrever / soletrar
reality / talent show o reality show / programa de talento
to receive receber
reception / lobby a receção (BP recepção) / o lóbi
receptionist o/a rececionista (BP recepcionista)
to recognize reconhecer
to recommend recomendar
red / ginger ruivo/a
refrigerator o frigorífico (BP a geladeira)
relaxing relaxante
Religious education a educação religiosa
reply a resposta
reporter o repórter / o(a) jornalista
reptiles os répteis
to reserve / book reservar
to resist resistir
to resolve, solve resolver
to respond, reply responder
to rest / relax descansar / relaxar
return (ticket) de ida e volta
to return home voltar para casa
rich rico/a
to ride a horse andar a cavalo
Right (wing) a Direita
river o rio
road accident o acidente rodoviário
to rob roubar
romantic romântico/a
roof o telhado
room um quarto (BP apartamento)
room key a chave do quarto
rubber a borracha
to ruin, spoil estragar
rule a regra
to rule, govern governar
to run, jog correr (BP fazer cooper)
to run over atropelar
Russian russo/a

S

sad triste
salesperson o vendedor/a vendedora
sand a areia
sandals as sandálias
sandcastle o castelo de areia
satin o cetim
satisfied satisfeito/a
Saturday o sábado / sáb
to say, tell dizer

scanner o scanner
school bag / backpack a mala / a mochila
Science(s) as ciências
science-fiction a ficção científica
to scratch aranhar
to scrub esfregar
sea o mar
seat o lugar
secretary o secretário/a secretária
to see ver
semester o semestre
senator o senador
to send enviar / mandar
senior high school / college (*also* **private school**)
   o colégio
sensistive sensível
September setembro
serious sério(a) / grave
server o servidor
service (not) included (o) serviço (não) incluído
sexism o sexismo
she ela
shelf a prateleira
shell a concha
shirt a camisa
shoes os sapatos
shoestore a sapataria
shopping mall o centro comercial (BP o shopping)
short curto/a
shorts os calções (BP o short)
shoulder o ombro
show o espetáculo
to shower duchar-se
showing (at . . . cinema) em cena no cinema . . .
sickness, nausea a náusea
sightseeing o turismo
silver a prata
SIM card o cartão SIM
to sing cantar
single room o quarto simples (*or* quarto individual)
sink o lava-loiças (BP louças)
sister a irmã
site (Internet) o site
size (shoes) o tamanho / o número
to ski esquiar
to skid derrapar
skin a pele
skirt a saia
to sleep dormir
sleep o sono
sleepy com sono
slow lento/a
slowly devagar / lentamente
small pequeno/a
to smoke fumar
snack o lanche / a merenda
snow a neve

soap opera a telenovela (BP a novela)
soccer, football o futebol
social networking site a rede social
sofa / settee o sofá
soft drink o refrigerante
some algum / alguns, etc.
son o filho
soon daqui a pouco
Sorry for having interrupted. Desculpe por ter
   incomodado.
soup a sopa
south o sul
souvenir a lembrança
spade a pá
Spanish espanhol/espanhola
to spend gastar
to spend time, vactions / holidays (doing . . .) passar
   tempo, as férias (a fazer) (BP fazendo . . .)
spiced (with) temporado/a (com)
spider a aranha
sports store a loja de artigos desportivos (BP
   esportivos)
sporty desportivo/a (BP esportivo)
spring a primavera
square (foot, meter) (pé, metro) quadrado
square / plaza a praça
stadium o estádio
stairs as escadas
stamp o selo
starters, appetizers as entradas
state o estado
to start, begin começar
stationer's a papelaria
to stay ficar
to stay at home ficar em casa
to sting picar
stove o fogão
straight liso/a
stream o ribeiro
street / road, highway a rua, a estrada
stress o stress (BP estresse)
stubborn obstinado(a) / teimoso(a)
student o/a estudante
study o escritório
to study estudar
stupid estúpido/a
to suffer from sofrer de
to suit (well) ficar bem
suite a suite (BP suíte)
summer o verão
to sunbathe tomar sol
sunblock o protetor solar
Sunday o domingo / dom.
sunglasses os óculos de sol
sunhat o chapéu de sol
supermarket o supermercado
supper a ceia

to surf praticar surfe (BP pegar onda)
to surf the net navegar (na Internet)
surprised surpreendido/a
sweater / jumper a camisola/o suéter / o pulôver (BP a malha de lã)
sweatshirt a sweatshirt (BP o moletom)
sweet doce
sweet / dessert a sobremesa / o doce
to swim nadar
swimming (sport) a natação
swimming pool (indoor / outdoor / heated) a piscina (interior / exterior / aquecida)
synthetic fibres as fibras sintéticas
syringe a seringa

T

T-shirt a t-shirt (BP a camiseta)
table a mesa
to take tirar
take-away food a comida para levar
tales, short stories os contos
to talk, speak falar
tall alto/a
tanned bronzeado/a
tap a torneira
to taste / try provar
tasty gostoso / saboroso(a)
taxi o táxi
taxi stand a paragem de táxis
tea o chá
to teach ensinar
teacher o professor/a professora
technical / training college a escola politécnica / o instituto técnico
technology a tecnologia
to telephone telefonar
tennis o ténis (BP tênis)
term (school) o trimestre
territory o território
text message a mensagem SMS
Thank you. / Thanks. / Thanks a lot. Obrigado(a). / Obrigadinho(a). / Obrigadíssimo(a).
theater o teatro
theft o furto / roubo
then, next depois
there is / are há . . . *or* tem . . .
thereabout(s) por aí
therefore, for that reason por isso
they eles/elas
thief o ladrão
thin magro/a
thing a coisa
(third) year / grade o (terceiro) ano
thirsty com sede
this week esta semana
to threaten ameaçar
thriller / terror (film) (o filme) de suspense / terror

thunder o trovão
thunderstorms as trovoadas
Thursday a quinta-feira / *abbrev.* quinta / 5ª
ticket office a bilheteira (BP a bilheteria)
ticket o bilhete / a passagem
time flies o tempo voa
timetable o horário
tired cansado/a
to (my) taste para (o meu) gosto
to and fro para lá e para cá
to that end para esse fim
toasted sandwich a tosta
today hoje
toe o dedo do pé
toilet a sanita (BP o vaso sanitário)
toiletries / household goods a perfumaria / a drogaria
tomorrow amanhã
tonne a tonelada
(tooth)ache a dor / dores (de dentes)
tourist o turista
towards (attitude) para com
town / city hall a câmara municipal (BP a prefeitura)
town / city planner o/a urbanista
tracksuit (sweatsuit) o fato de treino (BP a roupa de ginástica)
trail / path a trilha
train o comboio (BP o trem)
to train treinar
trainers os ténis (BP tênis)
tram o carro elétrico (BP o bonde)
transmission a transmissão
to transmit / broadcast transmitir
trash can o caixote / o balde do lixo
to travel (by) . . . viajar (de) . . .
to travel / go abroad viajar / ir para o estrangeiro (BP exterior)
trolley o carrinho
trousers as calças (BP a calça)
truth a verdade
to try provar, experimentar
Tuesday a terça-feira / *abbrev.* terça / 3ª
TV a televisão
TV news broadcast o telejornal
TV set o televisor
twin room o quarto com duas camas /duplo
two-for-1! leve 2, pague 1!
typical típico/a

U

ugly feio/a
uncle o tio
uncles and aunts os tios
underground o metro (BP metrô)
to understand compreender
underwear a roupa interior (BP de baixo)
to unite unir
United Nations (UN) as Nações Unidas (a ONU)

university / U.S. college a universidade
to (un)pack (the suitcase) (des)fazer a mala
unwell mal
up(wards), upstairs para cima
upstairs em cima
utensils os utensílios
utility room a lavandaria / área de serviço

V

vain vaidoso/a
valley o vale
vegetables os legumes
vegetarian food a comida vegetariana
vegetarian vegetariano/a
victim a vítima
viral (Internet) threats as ameaças virais
virus o vírus
to visit visitar
volleyball o voleibol (BP o vôlei)
to vote votar

W

to wait in line esperar na fila
waiter/waitress o empregado (de mesa) (BP garçom)/a empregada (BP garçonete)
to wake up acordar-se
to walk / go on foot andar / ir a pé
wallet, purse a carteira
war in . . . / against . . . a guerra em . . . / contra . . .
wardrobe o guarda-roupa, o guarda-fatos
to warn alertar / advertir
washbasin, sink a bacia / o lavatório (BP a pia)
washing machine a máquina de lavar roupa
waste / trash basket o cesto de lixo
to watch observar
to watch TV ver / assistir (a) televisão
Watch out! Cuidado!
wave a onda
we nós
we have a table booked temos uma mesa reservada
Wednesday a quarta-feira / *abbrev.* quarta / 4ª
week a semana
weekend o fim de semana
weekly semanal, semanalmente
to weigh pesar

well-done / medium / rare bem-passado / ao ponto / mal-passado(a)
well bem
west o oeste
western o filme / livro do oeste (BP bangue-bangue)
What! Que!
What for? (For what reason?) Para quê?
What is there (for dessert)? O que tem (de sobremesa)?
while, whilst enquanto
to whisk / beat bater
Why? (*used on its own*) Por quê?
wife a mulher / esposa
Wi-Fi aceso (BP acesso) Wi-Fi
wild animal o animal selvagem
willing disposto/a
willingly por bem
to win ganhar
winter o inverno
winter / summer, etc. de inverno / verão, etc.
to wish, want querer
with / without com / sem
witness a testemunha
woman a senhora (*pl.* as senhoras)
wood (material) a madeira
wood o bosque
wool a lã
word for word palavra por palavra
work o trabalho
to work trabalhar
the work tells of . . . a obra retrata . . .
working class(es) a classe trabalhadora
workshop a oficina
worktop / countertop a bancada
world economy a economia (global)
world-wide mundial, universal
worried preocupado/a
wrist watch o relógio (de pulso)
writer o escritor/a escritora

Y

yard (*measurement*) a jarda
year o ano
year group a turma
yesterday ontem
you tu / você
you (*pl.*) vocês

Answer key

NOTE: Where an answer may have more than one possible interpretation (e.g., in the singular or plural of a verb), a typical response is illustrated. Similarly, the choice of vocabulary may be different. Otherwise, answers follow the instructions given in the unit exercises.

1   Subject pronouns • Family

1·1   1. I   2. she   3. you (pl., very pol.)   4. we   5. you (pl.)   6. you (sing., fam.) 7. he   8. they (f.)   9. you (sing.)   10. they (m.)

1·2   1. Ele   2. Eu   3. Nós   4. Elas   5. Tu   6. Ela   7. Os senhores   8. Eles 9. Vossa Excelência   10. Você

1·3   1. Eu   2. Ela   3. Nós   4. Vocês   5. Elas   6. O senhor   7. Tu   8. Eles 9. A senhora Doutora   10. Ele

1·4   1. tu   2. ela   3. nós   4. vocês   5. eu   6. elas   7. ele   8. eles   9. você 10. ele/ela

2   Ser (to be) • Professions

2·1   1. sou   2. é   3. são   4. é   5. são   6. és   7. somos   8. somos   9. é 10. são

2·2   1. é   2. sou   3. é   4. são   5. és   6. são   7. é   8. é   9. é   10. é

2·3   1. They are doctors.   2. The apartment is modern.   3. You are not married.   4. We are colleagues.   5. Are you from Washington?   6. I am a teacher.   7. My dentist is Brazilian.   8. Today is the 15th of December. OR Today is December 15th.   9. Paris is not in Portugal.   10. They are José's cousins.

2·4   1. Os senhores são de Kansas?   2. Tu és rececionista (Você é recepcionista).   3. Não somos amigos.   4. Elas são advogadas.   5. A bola é de plástico.   6. É fantástico! 7. A fruta é do Brasil.   8. Isto não é uma bolsa / um saco.   9. Sou urbanista. 10. Eles são agricultores (fazendeiros)?

3   Estar (to be) • Moods / emotions

3·1   1. estou   2. estão   3. está   4. estão   5. estão   6. está   7. estás   8. estão 9. estamos   10. está

3·2   1. está   2. estou   3. está   4. estamos   5. está   6. estão   7. está   8. está 9. está   10. está

3·3   1. You are in the bank.   2. The books are in the bag.   3. Is it cold in London? 4. You are not interested.   5. The doors are open.   6. Are you well?   7. You (pl.) are very hot.   8. They are not surprised.   9. Are you not satisfied?   10. We are sad.

3·4 1. Os senhores estão a ler / estão lendo.   2. A senhora está a estudar / está estudando inglês?   3. Vocês não estão a trabalhar / estão trabalhando.   4. Está a chover / está chovendo.   5. Não estou a comer / estou comendo a sopa.   6. Vocês estão a visitar / estão visitando o Brasil.   7. Elas estão a subir / estão subindo.   8. Tu não estás a partir / estás partindo hoje.   9. As senhoras estão a fazer / estão fazendo um bolo?   10. Ele está a beber / está bebendo vinho?

4   Regular -ar verbs: present tense • Hobbies and leisure

4·1 1. falo   2. trabalha   3. estudam   4. pagas   5. perguntamos   6. começa   7. jogam   8. compram   9. lava   10. navegam

4·2 1. almoça   2. ganhas   3. pagamos   4. janto   5. trabalha   6. gosta   7. estudam   8. tocam   9. telefona   10. conversam

4·3 1. passeamos   2. falas   3. chega   4. navegam   5. compro   6. participa   7. moram   8. trabalha   9. gosta   10. dançamos

4·4 1. Tu gostas da música?   2. Nós viajamos muito.   3. A Teresa nunca compra livros.   4. Eu chego no domingo.   5. Ele lava o carro todos os dias.   6. A minha avó adora a costura.   7. Vocês não cantam bem.   8. Elas jogam futebol.   9. Ela ensina fotografia?   10. O banco fecha cedo.

5   Regular -er verbs: present tense • Meals and menus

5·1 1. desço   2. batem   3. sofrem   4. devolve   5. escolhes   6. perde   7. vendemos   8. esconde   9. conhecem   10. acontece

5·2 1. vendemos   2. escrevem   3. aprendem   4. conhecem   5. compreendem   6. Eu ofereço   7. Ela devolve   8. A irmã escolhe   9. Ele esconde   10. Você sofre

5·3 1. vende   2. bebes   3. escolhem   4. conhece   5. como   6. recebe   7. bebem   8. devolvem   9. devemos   10. chove

5·4 1. Eu conheço Brad Pitt.   2. Os advogados escolhem as bebidas.   3. Tu comes a sobremesa?   4. A ceia acontece todos os anos.   5. Ele deve provar a entrada.   6. Elas devolvem a comida.   7. Você não escreve postais.   8. Nós descemos as escadas devagar.   9. Os senhores aprendem inglês?   10. Mike vende cerâmica.

6   Irregular verbs, part 1: present tense • The weather

6·1 1. vejo   2. diz   3. lemos   4. fazem   5. trazem   6. fazes   7. lê   8. veem   9. traz   10. dizemos

6·2 1. vês   2. fazem   3. digo   4. traz   5. vê   6. diz   7. fazemos   8. trazem   9. lê   10. dizem

6·3 1. leem   2. veem   3. trazes   4. leio   5. vê   6. trazemos   7. diz   8. faço   9. dizes   10. fazem

6·4 1. c   2. a   3. d   4. b   5. e

6·5 1. Leio a ementa / o cardápio.   2. John não traz os documentos.   3. Vocês não fazem o jantar?   4. Nós dizemos que faz calor/há calor/está quente.   5. Elas veem a televisão todos os dias.

7   Irregular verbs, part 2: present tense • Politics

7·1 1. posso   2. pomos   3. quer   4. quero   5. põem   6. perdes   7. pode   8. perde   9. podem   10. perdem

7·2 1. a   2. a   3. b   4. b   5. a   6. b   7. b   8. a   9. b   10. a

7·3 1. perde   2. quero / posso   3. põem   4. podes / queres   5. perdem   6. quer   7. queremos / podemos   8. querem   9. põe   10. querem / podem

7·4 1. Os deputados perdem as eleições.   2. A classe trabalhadora pode votar.   3. Os políticos não querem eleger o candidato.   4. Eu quero a democracia e a liberdade.   5. Nós podemos governar o estado.

8 Regular -ir verbs: present tense • Personality

8·1 1. assistes 2. permite 3. abro 4. decidem 5. divide 6. garantem 7. resiste 8. existem 9. unimos 10. parte

8·2 2. Vocês permitem fumar? 3. Eles não abrem a janela. 4. Elas dividem a pizza. 5. Os políticos assistem às eleições. 6. Os candidatos garantem ganhar.

8·3 1. The pleasant teacher opens the door. 2. We watch the film on TV. 3. You (pl.) do not allow impatient people to enter. 4. You always decide. 5. I guarantee that I am hard-working. 6. When do you leave? 7. They are vain but they don't resist the cake. 8. Life on the planet Jupiter does not exist. 9. Honest politicians unite the people. 10. Sandra divides the popcorn between the girls.

8·4 1. O médico/A médica não permite fumar. 2. Vocês nunca resistem. 3. Ela divide o bolo porque é simpática. 4. Nós não decidimos no filme. 5. Elas existem? 6. Eu parto hoje. 7. Eles unem o povo para resistir. 8. Tu garantes a qualidade do trabalho? 9. Você assiste à televisão todos os dias? 10. Marty abre a caixa.

9 Irregular -ir verbs: present tense • Accidents / incidents

9·1 1. ouve 2. vou 3. caem 4. vêm 5. vai 6. peço 7. dormes 8. saem 9. pede 10. subimos

9·2 1. vimos 2. pede 3. vou 4. ouvem 5. sais 6. vão 7. dorme 8. sobem 9. cai 10. saem

9·3 1. ouço 2. dorme 3. caímos 4. sais 5. vêm 6. ouvem 7. sobe 8. vamos 9. pedem 10. cai

9·4 1. Eu durmo durante o filme. 2. Tu vens / vais ao cinema? 3. Ele vai ao hospital todos os dias. 4. Nós ouvimos uma explosão e saímos do carro. 5. Vocês sobem no elevador / ascensor? 6. Eles pedem sobremesa.

10 -ir verbs with spelling changes • Transport

10·1 1. consigo 2. repete 3. dormimos 4. ages 5. visto 6. dirigem 7. persegue 8. preferem 9. divirto 10. descobre

10·2 1. descubro 2. prefere 3. reagem 4. consegue 5. repetem 6. sinto 7. mente 8. despes 9. fingimos 10. Aflige-nos

10·3 2. durmo 3. corrijo 4. consigo 5. prefiro 6. visto 7. sinto 8. consigo 9. cubro 10. sirvo

10·4 1. Elas seguem o táxi de autocarro / ônibus. 2. Tu não despes o casaco? 3. Ela age como uma testemunha. 4. Nós perseguimos o ladrão a pé. 5. Vocês preferem ir ao cinema? 6. Eu não consigo enviar o e-mail. 7. A motocicleta segue o carro elétrico / bonde. 8. Vocês não descobrem o dinheiro. 9. Donald sente-se triste. 10. Você mente?

11 Ter (to have) and its uses • Animals

11·1 1. tenho 2. tem 3. tem 4. temos 5. têm 6. tens 7. têm 8. temos 9. tem 10. têm

11·2 1. tem 2. tenho 3. têm 4. tens 5. tem 6. temos 7. têm 8. tem / tem 9. têm 10. tenho

11·3 1. Tem 20 anos. 2. Temos sono 3. Tens frio. 4. O que têm? 5. Tem azar. 6. Têm medo. 7. Tenho calor. 8. Tem pressa. 9. Temos fome. 10. Tem de/Tem que

11·4 1. Temos um gato e um cão (cachorro). 2. Não tenho leite. 3. Cuidado! O urso tem fome. 4. Tens de (que) trabalhar. 5. John tem $1,000; tem sorte. 6. O coelho tem medo e vai morder. 7. Sandra tem uma dor de garganta. 8. A vaca tem dez (10) anos. 9. Têm pressa. 10. Vocês têm um animal doméstico/de estimação?

12 Haver (to *have*, to *be*) and its uses • The classroom

12·1 1. There is a bank in the town center.   2. How many trains are there per hour?   3. There isn't a swimming pool in the hotel.   4. There is fish in the fridge.   5. Shall we go to Carnegie Hall? There's a jazz concert.   6. There is a lot of traffic today.   7. There are not many studies about rabbits.   8. It's very hot; let's go to the beach?   9. There's a lot of noise—what is it?   10. There's been an accident—there are people injured.

12·2 1. tem   2. Há   3. Há   4. tem   5. há   6. Tem   7. tem   8. Há   9. tem / tem   10. há

12·3 1. e   2. f   3. a   4. b   5. h   6. i   7. c   8. d   9. j   10. g

12·4 1. Qualquer dia hemos de visitar o Brasil.   2. Há um restaurante aqui?   3. Não há ninguém na escola. 4. O que há? Houve um acidente?   5. Ele há de ser advogado qualquer dia.   6. Não há cade iras. 7. O professor/A professora há de ensinar bem os alunos.   8. Há quantas mochilas?   9. Eu hei de ser presidente.   10. Não há avião para Nova Iorque hoje.

13 Reflexive verbs • Daily routine

13·1 1. sinto-me   2. levantas-te   3. corta-se   4. diverte-se   5. esquecemo-nos   6. enganam-se 7. vão-se   8. sentam-se   9. chama-se   10. encontramo-nos

13·2 2. sentes-te   3. se chama   4. nos encontramos   5. se lembram   6. esquece-se   7. divertem-se 8. me sento   9. te vais   10. engana-se

13·3 acordo-me / levanto-me / Ducho-me / visto-me / saio / Sento-me / encontro-me / Volto / sinto-me / me deito

13·4 1. Não me levanto cedo.   2. Todos os dias encontramo-nos na sala de aula.   3. Normalmente (ele) fica em casa e deita-se tarde.   4. Divertes-te ao teatro.   5. Eles nunca se lavam de manhã.   6. Vocês vão-se embora amanhã?   7. Antes de sair da casa, vestimo-nos.   8. Elas não se lembram de comprar o pão. 9. A que horas se acorda?   10. Ela peina-se depois do pequeno-almoço (Ela se peina depois do da manhã).

14 Ir (to *go*) + *infinitive* to express the future • Days and months

14·1 1. vai   2. vamos   3. vais   4. vão   5. vou   6. vai   7. vai   8. vai   9. vão   10. vão

14·2 1. vou / levantar-me   2. Antes / vamos   3. vais / ficar   4. vai / comprar   5. vamos / voltar 6. vão / futebol   7. vai / sair   8. comer

14·3 (A) 1. Na terça-feira Anita (ela) vai comprar um computador.   2. Na quarta-feira vai telefonar à (sua) irmã.   3. Na sexta-feira vai estudar.   4. No sábado vai levantar-se cedo.   5. No domingo vai ver um filme.

(B) 1. Em março vou viajar em Portugal.   2. Em abril vou pintar a casa.   3. Em junho vou visitar a França.   4. Em setembro vou ao Rio aprender português.   5. Em dezembro vou ficar em casa.

14·4 1. No domingo vou visitar o meu irmão.   2. Em julho vamos ter uma festa.   3. Vais estudar música? 4. John não vai comprar a casa.   5. O que vão fazer na sexta-feira?   6. Vamos ver um filme.   7. Não vão voltar em setembro.   8. Sally vai escrever para a avó hoje.   9. Vamos ao teatro?   10. Vou celebrar em fevereiro.

15 Saber vs. conhecer • The city center

15·1 1. sei   2. sabem   3. conhece   4. sabe   5. conhecem   6. conheces   7. sabe   8. conhecemos 9. conheço   10. sabem

15·2 1. sei   2. conhece   3. conhecer   4. sabem (*if they don't actually know where she lives*) / conhecem (*if they are not familiar with the place where she lives*)   5. Sabes   6. conhecemos   7. sabe 8. conhece   9. saber   10. sei

15·3 1. conheço   2. sabes   3. sabe   4. conhece   5. Conhecemos   6. sabem   7. sabe 8. conheço / sei   9. saber   10. conhecer

15·4 1. Eu sei tocar o piano.   2. Conhece o meu avô?   3. Ela sabe o número.   4. Eu sei! Vamos ao castelo!
5. Não conhecemos este bairro muito bem.   6. Sabem de uma coisa? O cinema fecha às sextas-feiras.
7. John sabe de cor os nomes do todos os estudantes.   8. Tu não sabes nadar.   9. Vão conhecer o novo
restaurante.   10. O meu irmão sabe a verdade.

16 Definite article: *the* • The restaurant

16·1 1. o   2. os   3. as   4. as   5. a   6. o   7. os   8. a   9. as   10. a   11. os   12. o

16·2 1. o castelo   2. a porta   3. A rua   4. o peixe   5. as frutas   6. a senhora   7. a biblioteca
8. a Itália   9. Os templos   10. Os alunos

16·3 o / a / o / Os / a / o / o / a / os / a / O / o / a / o

16·4 1. A pastelaria fica na praça; vou comer os bolos.   2. Ela vai visitar os Estados Unidos em janeiro.
3. Para mim, o prato do dia se faz favor.   4. No dia 10 de março, ele parte para Portugal.   5. Queremos
a carne ao ponto.   6. O meu dia favorito é a quarta-feira.   7. A comida vegetariana aqui é excelente.
8. Os estudantes compram os livros.   9. Os lanchonetes no Brasil vendem comida rápida.   10. Frankie,
vais pintar a casa?

17 Indefinite articles: *a / an / some* • The hotel

17·1 1. um   2. uma   3. uns   4. umas   5. uns   6. um   7. um   8. uma   9. umas   10. uma
11. umas   12. uns

17·2 1. uma   2. um   3. um   4. uma   5. uma   6. uns   7. umas   8. Umas   9. uns   10. um

17·3 1. um   2. X   3. uma *or* X   4. X   5. Uns   6. X   7. umas   8. Umas / X   9. um *or* X
10. X

17·4 (A) 1. We want a suite with Wi-Fi access, please.   2. The cake is hot and I'm going to eat another one.
3. The hotel Marinha has a very old elevator.   4. The gentleman (or "You") orders half a bottle of white
wine.   5. Some swimming pools are small.

(B) 1. Que praia!   2. Alguns / Uns quartos não têm ar-condicionado.   3. Ela é gerente; ele é rececionista
(recepcionista).   4. Há / Tem cem quartos no hotel.   5. Quando visito o Brasil, gosto de comer alguns /
uns pratos típicos.

18 Nouns • Around the house

18·1 1. a enfermeira   2. uma portuguesa   3. a pescadora   4. a desenhadora (desenhista)   5. a
veterinária   6. a desportista   7. a jornalista   8. a escultora

18·2 1. os computadores   2. as luvas   3. os jardins   4. as chaves   5. os narizes   6. os elevadores
7. os quintais   8. os hospitais   9. os tapetes

18·3 1. Os quartos são no primeiro andar.   2. Os agricultores trabalham com uns tratores.   3. Temos uns
limões na despensa.   4. As garagens são fora da(s) casa(s).   5. As viagens para a Itália levam três horas.
6. Há uns quintais e uns jardins.   7. Não podemos mexer as mãos.   8. Os papéis estão nas mesas nos
escritórios.   9. Os cantores cantam umas canções sobre os rapazes.   10. Os
franceses têm uns mapas nas paredes das salas.

18·4 1. O quarto tem três janelas.   2. Não gosto da cor das paredes.   3. Há quantos hotéis em Michigan?
4. Os homens fazem muitas viagens.   5. Há cinco estações na cidade.   6. Conhecem uma médica?

19 Describing things • Common adjectives

19·1 1. barata   2. quente   3. útil   4. acolhedora   5. famosa   6. holandesa   7. capaz
8. inovadora   9. fria   10. tropical

19·2 1. diferentes   2. regionais   3. frescos   4. invisíveis   5. sérias   6. escoceses   7. bons
8. urgentes   9. seniores   10. usadas

19·3 1. velho   2. faladora   3. japoneses   4. triste   5. fácil   6. bons

19·4 1. Os copos estão cheios. 2. As vacas são gordas. 3. Temos casacos sujos. 4. Elas não gostam dos comboios lentos. 5. Têm uns livros interessantes. 6. Vocês trabalham com umas senhoras feias.

19·5 1. A estudante bonita tem uma casa suja. 2. O meu telemóvel (celular) é moderno; é chinês. 3. Gostamos dos filmes engraçados. 4. John é feio, mas muito simpático. 5. Os aviões rápidos estão vazios. 6. Tens quantos tios ricos?

20 Colors • Clothing

20·1 1. violeta 2. azuis 3. roxas 4. encarnada 5. branco 6. cinzento-escura 7. cor-de-prata 8. loiro 9. amarela 10. verdes

20·2 1. roxo 2. cor de laranja 3. prateadas 4. verde-claros 5. pretos 6. dourado 7. cor-de-rosa 8. azul-escuras 9. amarela 10. vermelhas

20·3 1. branca *or* verde / cor-de-rosa / laranja 2. verde *or* cor-de-rosa / laranja 3. cinzentos 4. botas 5. cor-de-rosa *or* verde / laranja 6. ténis 7. amarelas *or* cor-de-rosa 8. pulôver 9. laranja 10. blusa

20·4 1. Louise tem cabelo castanho e olhos verdes. 2. As sandálias roxas não servem. 3. John sempre compra carros cinzento-claros. 4. Ele prefere a camisa branca. 5. Ela tem um cavalo preto. 6. Vamos comprar sapatos azuis. 7. Tu nunca comes os pimentos amarelos (pimentas amarelas). 8. Gostam das calças vermelho (encarnado)-escuras? 9. Esta laranja não é cor de laranja! 10. Quero um vestido (cor-de-) rosa e uma t-shirt dourada.

21 Demonstratives: *this* and *that* • Literature and cinema

21·1 1. esta 2. estas 3. este 4. estes 5. esse 6. essa 7. esses 8. essas 9. aquela 10. aquelas 11. aquele 12. aqueles

21·2 1. aqui: These shops here are expensive. 2. ali: That dress over there is pretty. 3. aí: Those eye glasses (there) are mine. 4. aí: I love that black skirt you have (there). 5. ali: I want to visit those mountains (over) there. 6. aqui: I'm going to buy these trainers (sneakers) here. 7. ali: That lady over there is the Math teacher. 8. aí: Where do you put all that clothing there? 9. ali: Those pictures over there cost $3,000 each. 10. aqui: May I try on this one here, please?

21·3 1. este 2. estes 3. aquele 4. Estas 5. essa 6. esse 7. Estes 8. estes / aqueles 9. Aquelas 10. Este

21·4 1. Esta comédia estreia em novembro. 2. Queres esta sopa ou aquela? (Você quer esta sopa ou aquela?) 3. Esse romance que tens (você tem), é ficção? 4. Não gosto desses brincos que tens (você tem). 5. Aqueles atores ali são americanos? 6. Vamos aqui, ou ali? 7. O meu amigo (a minha amiga) vai apresentar neste filme. 8. Estas flores aqui são bonitas. 9. Este é o melhor romance histórico. 10. Tem essa camisa aí em laranja?

22 Nonchanging demonstratives • Materials

22·1 1. Isto 2. Isso 3. Aquilo 4. Aquilo 5. Isso 6. Isto 7. Aquilo 8. Isso 9. Isto 10. Isto

22·2 2. Aquilo 3. Isto 4. são 5. Aquilo 6. são 7. Isso 8. é 9. é 10. Isso

22·3 1. This is an antique table; it's made of marble. 2. I work with my friend, that is, João Ferreira. 3. What is that? Ah, those (there) are platinum glasses—very expensive! 4. What is the answer? It's "Mexico." That's it! 5. I want to buy that (thing) there. What is it made of? 6. These here are coats for the winter.

22·4 1. Aquilo ali é uma boneca de porcelana. 2. Vou comprar isto para o meu marido. 3. Isso! É (feito) de ferro. 4. Posso experimentar isso *or* aquilo, por favor? 5. (O) que é isto em português? É "couro." 6. Isto é tudo muito caro.

23 Possessives, part 1: *my* / *your* / *our* • Technology

23·1 1. A minha 2. o seu 3. Os nossos 4. as tuas 5. O meu 6. as vossas / suas 7. A nossa 8. os teus

23·2   2. É tua.   3. É nossa.   4. São seus.   5. São vossas / suas.   6. É nosso.   7. São vossas / suas.
8. São meus.

23·3   1. O meu   2. os vossos / os seus   3. a tua   4. o meu   5. as nossas   6. os teus   7. seu
8. a nossa

23·4   (A) 1. Is this yours?   2. Your computers are very expensive.   3. Here you have the keys, sir.   4. My
laptop has a small keyboard.   5. We're going to build a garage for our children.   6. Whose cell phone
is this?

(B) 1. Onde está o teu (o seu) carro?   2. Têm todos os vossos / seus documentos?   3. Pode me mandar
(mandar-me) os detalhes? Quero comprar a sua casa.   4. De quem são estas flores?   5. O nosso site tem
toda a informação.   6. As minhas malas ainda estão ao aeroporto.

24   Possessives, part 2: *his / her / their* • Education

24·1   1. O apartamento dele   2. O carro dela   3. A namorada dele   4. Os salários deles   5. A mãe delas
6. As filhas dela   7. Os apartamentos deles   8. As chaves delas   9. O jardim dele   10. A cozinha
dela

24·2   1. A sua garagem é bastante pequena.   2. Os seus vizinhos são italianos.   3. O seu celular é japonês.
4. Prefiro as suas casas.   5. A sua morada de e-mail é complicada.   6. Os seus laptops são de alta
qualidade.   7. Onde estão as suas bolsas?   8. Não recebi todas as suas mensagens.   9. Quem gosta da
sua professora?   10. Não sei como fazer log-in no seu computador.

24·3   The possessives we suggest you could leave out are in brackets: Lurdes Teixeira mora num bairro chamado
Alfama. O bairro [dela] é velho e tem muitas casas. Lurdes gosta muito do [seu] bairro. "Toda a [minha]
família mora aqui e também os [meus] melhores amigos". Na escola dela, há 600 alunos. Ela adora a [sua]
escola. A disciplina (matéria) preferida [dela] é matemática. "O meu irmão também frequenta esta escola. Eu
gosto de jogar futebol com os amigos dele". Em casa Lurdes ajuda a [sua] mãe, que trabalha como secretária.
Lurdes adora cozinhar, o os [seus] pratos favoritos são o peixe frito e a sopa.

24·4   1. seus   2. sua   3. licenciatura   4. loja   5. seu   6. prima   7. delas   8. deles   9. aprende
10. mestrado

25   Relative pronouns: *that / which / who / whom / where* • At the beach

25·1   1. que   2. com quem   3. onde   4. onde   5. que   6. que   7. que   8. que   9. que (*that never
sleeps*) / onde (*where you never sleep*)   10. que

25·2   1. g   2. d   3. a   4. h   5. e   6. b   7. i   8. f   9. c   10. j

25·3   1. onde   2. quem   3. que   4. onde   5. quem   6. que   7. quem   8. onde   9. que
10. onde

25·4   2. Não sei o nome do hotel onde / em que vou ficar.   3. Gosto do filme que está a passar no cinema Tivoli.
4. A senhora com quem está a conversar o João é a minha mãe.   5. O balde em que vou guardar os
caranguejos é vermelho.   6. O bar onde queremos tomar bebidas está fechado.

26   Making comparisons: *more (than) / less (than)* • Describing people

26·1   2. Os sapatos de couro são mais caros do que os sapatos de plástico. *or* Os sapatos de plástico são mais
baratos do que os sapatos de couro.   3. O Hotel Santos é mais barato do que o Hotel Sheraton *or* O Hotel
Sheraton é mais caro do que o Hotel Santos.   4. Ellen e Lucy são mais bonitas do que Janet e Margaret *or*
Janet e Margaret são mais feias do que Ellen e Lucy.   5. Em Estocolmo está mais frio do que em Madrid *or*
Em Madrid está mais quente do que em Estocolmo.   6. Sofia é mais velha do que Teddy *or* Teddy é mais
novo do que Sofia.   7. O avião é mais rápido do que a camioneta *or* A camioneta é mais lenta do que o
avião.   8. O Estádio da Luz é mais moderno do que a Grande Muralha da China *or* A Grande Muralha da
China é mais antiga do que o Estádio da Luz.

26·2   2. melhor   3. pior   4. maiores   5. mais pequenos / menores   6. pior   7. melhores   8. mais pequeno / menor   9. pior   10. maior

26·3   1. mais rápido   2. menos caro   3. mais gorda   4. difícil   5. bronzeado   6. pesadas   7. azuis   8. forte

26·4   1. John é mais desportivo que musical.   2. As minhas filhas são mais claras do que os primos. 3. O comboio (trem) é mais rápido.   4. Anthony parece mais magro esta semana.   5. És mais alto do que Peter? (Você é mais alto que Peter?)   6. Está mais frio hoje.   7. Elas têm cabelo mais curto do que Joyce.   8. Precisamos duma caixa maior.

27   Superlatives • Sports

27·1   1. a maior   2. mais magras   3. mais simpática   4. mais verdes   5. mais difíceis   6. a mais bronzeada   7. a mais lenta   8. mais comprido   9. mais baratas   10. mais clara

27·2   2. o mais antigo   3. a pior   4. os mais altos   5. o mais aborrecido   6. as mais pesadas 7. os mais pobres   8. as mais caras   9. o mais delicioso   10. a mais elegante

27·3   1. famoso   2. nervosa   3. importante   4. eficiente   5. terríveis   6. fáceis   7. quente 8. pequenos

27·4   1. Ele é o melhor jogador de futebol dos Estados Unidos   2. Hoje é o dia mais feliz da minha vida. 3. Estas são as maçãs mais doces do mercado.   4. Aquele é o estádio mais caro já construído. 5. Sempre compro o chocolate mais caro. É o melhor!   6. Esta é a viagem mais rápida.   7. Aqueles jogadores de ténis são os mais ricos e mais famosos de sempre.   8. Aquelas são as maiores árvores da floresta.

28   Comparisons: tão and tanto • The countryside

28·1   1. bonito   2. fresca   3. confortáveis   4. bons   5. elegante   6. sérias   7. cansada 8. indiferentes   9. bom   10. famosa

28·2   1. tanto   2. tantas   3. tantos   4. Tanta / tantas   5. tanto   6. tanta   7. tantas   8. tantas 9. tantos   10. tanto

28·3   1. h   2. e   3. f   4. i   5. a   6. b   7. j   8. d   9. c   10. g

28·4   1. tantas   2. tanto   3. tantos   4. tão   5. tanta   6. tão   7. tanta   8. tantas   9. tão 10. tanto

29   Numbers • Measurements

29·1   1. oito   2. doze   3. dezasseis / dezesseis   4. vinte   5. três   6. um / uma   7. dezanove / dezenove   8. dez   9. cinco   10. sete

29·2   1. trinta e uma libras   2. vinte e quatro pássaros   3. noventa e três dólares   4. sessenta lagos 5. cem livros   6. quarenta e duas montanhas   7. vinte ovos   8. setenta e sete campos   9. cinquenta e seis euros   10. oitenta e cinco vales

29·3   1. f   2. d   3. a   4. j   5. h   6. b   7. e   8. g   9. c   10. i

29·4   1. mil, duzentos e quarenta   2. três mil, seiscentos e quinze   3. cinco mil e cem   4. nove mil, quatrocentos e vinte e oito   5. dezasseis mil, setecentos e catorze   6. trinta e nove mil, oitocentos e noventa   7. noventa e seis mil e trezentos   8. oitocentos e catorze mil, seiscentos e noventa e nove 9. cento e vinte e cinco mil, quatrocentos e cinquenta e cinco   10. um milhão, trezentos e quarenta e quatro mil, duzentos e um/uma

30   Telling the time

30·1   1. d   2. j   3. a   4. h   5. e   6. b   7. f   8. i   9. c   10. g

30·2   1. O avião parte às seis e quarenta e cinco.   2. O mercado abre às oito e dez.   3. O estádio fecha às vinte e uma e vinte.   4. O filme começa às dezanove (dezenove) e quinze.   5. O concerto termina às catorze e trinta e cinco.   6. Serve-se o jantar a partir das dezoito e cinquenta.   7. Serve-se o pequeno-almoço (Se serve o café da manhã) a partir das sete e trinta.   8. A partida (O jogo) começa às dezassete (dezessete) e quarenta.

30·3   1. às 7 horas   2. às 8:15   3. vou para o trabalho   4. o meio-dia   5. termina   6. vou nadar   7. 20:30   8. A partir das

30·4   1. Tem horas, por favor?   2. É a uma e meia em ponto.   3. Preciso de ir agora, já são três e quinze.   4. A galeria abre às nove e vinte da manhã.   5. Chega em casa às três da madrugada.   6. Serve-se o almoço entre as doze e trinta (meio-dia e meia) e as duas e meia.   7. Há música a partir das oito horas (da tarde) / das vinte horas.   8. Levanta-se tarde—já são oito e dez.   9. O despertador não funciona. Vou chegar atrasado.   10. O filme dura uma hora e trinta e cinco minutos.

31   Prepositions, part 1: movement • Shops

31·1   1. ao   2. por   3. à   4. para   5. para   6. pelo   7. para   8. pela   9. aos   10. para

31·2   1. do   2. na   3. na   4. da   5. do   6. neste   7. no   8. de   9. no   10. do

31·3   1. ao   2. pela   3. para *or* de   4. a   5. no   6. àquele / por   7. de   8. no   9. para   10. das

31·4   1. Queremos ir à / para a piscina hoje.   2. Adora passear / andar pela praia.   3. Vou à peixaria, depois (vou) para casa.   4. Quando saio do trabalho, gosto de ir às compras.   5. Amanhã ela vai à papelaria para comprar um dicionário.   6. Partimos no barco das dez e meia / trinta.   7. Vais viver para o Canadá?   8. O autocarro (ônibus) número 10 passa pela loja de música.   9. É mais barato viajar de metro (metrô).   10. Quando saio do centro comercial, preciso de voltar para casa de táxi (taxi).

32   Prepositions, part 2: place • Furniture

32·1   2. debaixo   3. à direita   4. em cima   5. dentro   6. entre

32·2   1. perto da   2. à   3. entre   4. dentro do   5. à   6. na   7. longe do   8. Em frente do   9. em cima   10. Fora da

32·3   2. A estante está à direita da janela.   3. Os meninos estão atrás da Maria.   4. Paulo está dentro da biblioteca.   5. Eu moro perto de Lisboa.   6. O cão dorme à frente do sofá.   7. A mesa de cabeceira está à esquerda da cama.   8. As chaves estão fora da gaveta.

32·4   1. Quando faz calor / está quente, é melhor sentar-se à sombra.   2. O meu gato dorme na poltrona.   3. Precisa de limpar atrás do armário.   4. Entre todos os livros, Ana tem um que adora.   5. A piscina é muito perto da nossa casa.   6. Vou esfregar a prateleira na cozinha.   7. Há uma nova livraria em frente dos correios.   8. Moram na praça velha em Curitiba.   9. Tenho uma caixa de fotos em cima do guarda-roupa.   10. John vai esperar fora do hospital.

33   Prepositions, part 3: time • Expressions of time

33·1   1. a / de   2. de / de   3. em   4. aos / nos   5. em   6. de   7. às   8. no / de / de   9. da   10. no

33·2   1. pelas   2. antes   3. depois   4. para   5. por   6. por   7. depois *or* antes   8. antes *or* depois   9. para   10. para

33·3   1. um mês   2. outono   3. ano 1200   4. dezembro   5. em   6. manhã   7. para   8. diariamente

33·4   1. para   2. Para   3. da / à   4. às   5. a   6. depois do   7. à   8. no   9. às / da   10. no

34   Prepositions + verbs / verbs + prepositions • Eating and drinking

34·1   1. antes de beber   2. para pensar   3. até chegar   4. entre ler e ver televisão   5. depois de explicar   6. ao telefonar   7. sem pagar   8. além de comprar   9. ao ver   10. para falar

34·2   1. a   2. pelos   3. com   4. a   5. para   6. da   7. de   8. em   9. na   10. com

34·3   1. para   2. da   3. Depois do   4. a   5. com / para   6. além de / de   7. para   8. de

34·4   1. Precisa de provar esta comida italiana; é uma delícia!   2. Não podem ir embora sem pagar.   3. Ela sempre se esquece do leite.   4. Vou ao centro para comprar um livro.   5. Quando todos saem para jantar, sempre acaba por (fazer) (uma) festa.   6. Ao ver Nick, Polly esconde-se no banco.   7. Ela está grávida; sonha com comida cremosa todos os dias.   8. Lembras-te daquela praia em Bahia?

35 Com + pronouns • Current events

35·1   1a. contigo   b. com o Pedro   c. convosco   2a. comigo   b. consigo / com a senhora   c. com a Monica   3a. connosco (conosco)   3b. Com elas   4a. com ele   4b. com vocês / consigo

35·2   1. comigo   2. consigo   3. com eles   4. convosco   5. com ela   6. connosco (conosco)   7. ele   8. consigo / com o senhor   9. contigo   10. consigo / com vocês

35·3   1. A luta contra a pobreza continua. Concordas comigo?   2. Onde está o gato? Jack está com ele na cozinha.   3. Vamos protestar contra o racismo. Vêm connosco?   4. Sempre fica com eles no verão?   5. Quero falar convosco / com os senhores sobre a economia.   6. Ela nunca sonha com ele.   7. Tem que ficar em casa hoje com as crianças, então está a ver (está vendo) o telejornal.   8. Posso contar contigo para o jantar?   9. John vai para Londres com Veronica para debater o ambiente com os políticos.   10. Quem vai connosco ao cinema?

36 Prepositions + pronouns • The airport

36·1   2. ti / *without you*   3. a senhora (si) / *up to you*   4. vocês (si) / *by you / yourselves*   5. elas (si) / *to them / themselves*   6. mim / *from / of me*   7. nós / *in / on us*   8. dela (si) / *near her / herself*   9. dos senhores (si) / *behind you / yourselves*   10. você (si) / *far from you / yourself*

36·2   1. por   2. de   3. contra   4. sobre   5. Sem   6. a   7. perto   8. para

36·3   1. ele   2. mim   3. si /eles   4. nós   5. eles   6. dele   7. ti   8. si / os senhores

36·4   (A) 1. We need them in order to build the house.   2. The flight won't wait any longer for her; we're all going to board now.   3. Don't you like me?

(B) 1. Compra a pizza para si.   2. Quero ficar à frente deles.   3. Tens um computador em frente de ti?   4. Isto é para vocês / si / os senhores/as senhoras.   5. Acreditam em mim.

37 Por • Idioms with por

37·1   1. por avião   2. pelo centro da cidade   3. 10 dólares por quilo   4. por e-mail   5. pela costa   6. por três anos   7. um livro por um euro   8. três vezes por semana   9. pela chuva   10. por Nova Iorque

37·2   1. a   2. g   3. e   4. c   5. h   6. d   7. b   8. f

37·3   1. O (seu) castigo é escrever por extenso, palavra por palavra, o primeiro capítulo.   2. Por acaso sabe se há uma farmácia por aqui?   3. A limpeza está por fazer. Por quê? Porque ele é preguiçoso.   4. Este queijo é delicioso (uma delícia), por isso compro um quilo.   5. Depois de cinco horas de viagem, sem comida nem água, por fim—o hotel!   6. É muito caro; por outro lado, é fantástico.   7. Pelo amor de Deus, pode dizer-me qual é o problema (o que tem)?   8. Quero visitar tantos países, por exemplo, a Austrália, o Japão, a Índia . . .   9. Que horas são? A peça está por começar.   10. Não gosto de peixe por si, mas como peixe grelhado (quando estou) de férias / durante as férias.

38 Para • Idioms with para

38·1   1. para o sul   2. para nós   3. vinte para as nove   4. para aprender português   5. para ela   6. para Londres   7. para celebrar   8. para a terça-feira   9. para falar   10. para o carro

38·2   1. aprender   2. Tenerife / tomar sol   3. a Sibéria   4. a senhora   5. a sexta-feira / uma festa   6. doar   7. as três   8. ônibus / a camioneta

38·3   1. Esta livraria vende livros e revistas para estudantes.   2. Vão chegar lá para as seis horas.   3. Os animais andam para lá e para cá o dia inteiro (todo o dia).   4. Vamos para casa!   5. Há um estúdio para cima.   6. Aquela banana não está boa para comer.   7. Ela não está simpática para comigo.   8. É (*if it is food always spicy, e.g., curry*) *or* Está (*if on this occasion the dish is too spicy*) muito picante para o nosso gosto.

38·4   1. para / por   2. por   3. para   4. para / para   5. por   6. por   7. para   8. por

39   Adverbs • Geography and the world

39·1   1. silenciosamente   2. bem   3. oficialmente   4. tristemente   5. simpaticamente   6. mal   7. horrivelmente   8. seriamente   9. pesadamente   10. recentemente

39·2   1. Ele sobe para cima tão rapidamente que quase cai.   2. Nós decoramos a casa tão bem como os vizinhos.   3. Tu trabalhas tão mal. Para quê?   4. Vocês saem só (somente) à noite?   5. Eu vou esquiar pior (do) que elas para sempre.   6. Elas não vivem melhor (do) que nós.   7. Você comporta-se tão mal como ele.   8. A senhora fuma demasiado para o meu gosto.

39·3   1. extraordinariamente   2. frequentemente   3. incrivelmente   4. furiosamente   5. lentamente   6. devagar   7. absolutamente   8. mal   9. fácil / calmamente   10. alegre / fortemente

39·4   1. O senhor dorme bem?   2. Normalmente, só vamos ao cinema às sextas-feiras.   3. Katie joga futebol melhor que muitos rapazes / meninos.   4. Comem tão rapidamente que se sentem bastante doentes.   5. Ele é fantasticamente bonito / lindo!   6. O meu primo desenha bem, mas vende mal.

40   Negatives • School subjects

40·1   1. Amanda is 25 but doesn't work yet (still doesn't work).   2. We shall never again stay in this hotel!   3. No, they don't want to compete in the world championship.   4. I'm not going to (I'm never going to) live here ever again.   5. Have you got the tickets? Not yet.   6. Do you never spend holidays on the island of Madeira? It's lovely!   7. The main square is no longer so pretty.   8. How unpleasant! She doesn't even greet the (her) neighbors.

40·2   1. c   2. f   3. a   4. d   5. g   6. b   7. e   8. h

40·3   1. Ele não estuda geografia.   2. Os filhos dela não só falam três línguas, mas também sabem usar o computador melhor que ela.   3. Não, eles não sabem soletrar (escrever) "Arkansas".   4. Você também não vai ao concerto?   5. Ela está a aprender / estudiar (está aprendendo / estudando) filosofia? Ainda não.   6. A bilheteira (bhilheteria) nem abre nas sextas-feiras.   7. A escola já não oferece / dá aulas de francês.   8. Nunca mais vão se ver.   9. Jamais vou entender a física!   10. Nunca minto; pois, talvez só um pouco.

41   Interrogatives, part 1: *how / who / when / where / what* • Vacations

41·1   1. Quando   2. Que   3. Como   4. Onde   5. Por que   6. Quem   7. O que   8. Como

41·2   1. De onde   2. para quem / para quando   3. Em que   4. De quem   5. A que   6. com que / com quem   7. Para onde   8. Por que

41·3   2. A que horas começa o filme?   3. O que vão / vamos comer (primeiro)?   4. Onde é que ela vai passar as férias?   5. O que estraga as suas férias?   6. Por que (É que) o José não vai à festa?   7. Como se chama o piloto?   8. O que (Que música) recomenda / recomendas?

41·4   1. Como está o tempo em Vancouver em janeiro?   2. Jill e Graham estão de férias com quem?   3. Quando vão construir a ponte?   4. Onde podemos comprar um mapa e umas lembranças?   5. O que vais fazer (O que fazes) amanhã à noite?   6. Por que falam tão rapidamente / depressa?

42   Interrogatives, part 2: *how much / how many / which (what)* • Crime

42·1   1. Quanto   2. Quanta   3. Quantas   4. Quanto   5. Quanto   6. Quanto   7. Quantos   8. Quanto   9. Quanto   10. Quantos

42·2   1. e   2. b   3. a   4. g   5. d   6. c   7. h   8. f

42·3   (A) 1. How many assaults are there here per week?   2. How much does a journey / trip to Braga cost? 3. What's the name of the poor victim?   4. Which of the cakes are you going to eat?   5. What type of pistol do they use?   6. How many opportunities are there to chat with the president?

     (B) 1. Gosto desta máquina fotográfica. Quanto custa?   2. Quanta fraude existe no mundo de comércio? 3. Qual é a morada de e-mail / o e-mail dela?   4. Quais dos criminosos pode identificar?   5. Querem quanto açúcar? Quanto açúcar querem?   6. Quais são as pinturas / os quadros do John?

43   Direct-object pronouns • Polite expressions

43·1   1. Vejo-te.   2. Vês-nos.   3. Come-o.   4. Bebe-a.   5. Compro-os.   6. Ajudam-vos. 7. Convidam-me.   8. Levam-nos.   9. Guarda-o.   10. Ajudamos-te.

43·2   1. O ladrão vai roubá-lo.   2. Não posso repeti-las.   3. Eles vão fazê-lo com facas.   4. Os criminosos dão-nas à polícia.   5. Vocês querem sequestrá-la?   6. Os meus amigos vendem-na amanhã. 7. A polícia não sabe resolvê-los.   8. Ela põe-no antes de sair.

43·3   1. incomodar-te   2. acho-o   3. ajudar-me   4. comemo-las   5. abri-las   6. ajudam-nos 7. levamo-vos (-los)   8. tem-nos   9. fá-lo   10. levar-nos

44   Indirect-object pronouns • The body

44·1   1. me   2. nos   3. lhe   4. lhes   5. lhe   6. me   7. lhes   8. te   9. vos   10. lhe

44·2   1. mostrar   2. fica   3. apresentar   4. compra   5. apetece   6. empresta   7. pedir 8. telefonar   9. mandar   10. dão

44·3   1. Doi-lhe o tornozelo.   2. Doem-lhe (ao senhor) os olhos.   3. Dói-me o joelho.   4. Doem-lhes as costas.   5. Dói-lhe o ouvido.   6. Dói-te a barriga.   7. Doem-lhes os dedos do pé.   8. Dói-nos a cabeça.

45   Position of pronouns: When do they move? • Illness

45·1   1. OK   2. OK   3. Como se chamam   4. OK   5. que o compra   6. a tem   7. OK 8. levantam-se   9. OK, *or* Podemos te ajudar?   10. OK, *or* Vão se sentar

45·2   1. lhe   2. me   3. vos   4. lhes   5. se   6. o / vendê-lo   7. a   8. te

45·3   1. se sente   2. Esqueço-me   3. te queimar *or* queimar-te   4. nos detestam   5. Dou-lhe 6. compra-o   7. não o   8. vos escrevo   9. lhe mandar *or* mandar-lhe   10. vendê-las

46   Algum and nenhum • The media

46·1   1. algum   2. Alguns   3. alguma   4. algum   5. Algumas   6. nenhum   7. nenhuma 8. Nenhuma   9. nenhum   10. nenhum

46·2   1. Ela não tem nenhuma infeção.   2. Tenho algum medicamento para a tosse.   3. Nenhum dos amigos vai passar mal.   4. Não tens nenhuma informação?   5. Não há nenhumas pessoas alérgicas a penicilina? 6. A tranquilidade existe em algum lugar.   7. Ele não vende nenhum(nenhuns) livro (s) sobre o stress. 8. Alguma de vocês sabe cantar?

46·3   (A) 1. Which of the soap operas do you prefer? I don't like any.   2. None of the shirts fit; they are all (too) small.   3. Some journalists don't write the truth.   4. We have apples and pears, but we no longer have any bananas.   5. Do you know that Channel 10 is not going to broadcast any talent show?

     (B) 1. Não quero mais bolo, obrigado.   2. Este repórter não sabe nada sobre a situação política. 3. Algum de vocês fala francês?   4. Gostam de algum documentário ao vivo?   5. Nenhuns estudantes trabalham (nenhum estudante trabalha) aos (nos) sábados.

47   Todo and outro • The kitchen

47·1   1. toda   2. todos   3. todas   4. todo   5. todos   6. outra   7. outro   8. outros   9. outras 10. outra

47·2 1. e   2. h   3. a   4. g   5. d   6. b   7. f   8. c

47·3 1. Todos os dias / Todo o dia ela cozinha, limpa a cozinha e mete (coloca) a roupa na máquina.   2. É possível comprar todos os armários novos pela internet.   3. Este frigorífico não funciona; preciso de outro. 4. O forno está todo sujo.   5. Todas as prateleiras estão vazias.   6. Todo o mundo tem (um) microondas, não tem?   7. Não queremos todos estes utensílios.   8. Desculpe, esta máquina de lavar loiça (louça) é cara—tem outra mais barata?

48 Muito, pouco, and tanto • Entertainment

48·1 1. muito sol   2. pouca chuva   3. tanto dinheiro   4. muitos livros   5. tantas bicicletas   6. poucos atores   7. um pouco de salada   8. muita água   9. tanta poluição   10. tanto tempo   11. pouco vinho   12. muito melhor

48·2 1. muitas   2. poucas   3. tanto   4. muito   5. poucos   6. muito   7. tanta   8. pouca

48·3 1. Não, há poucas.   2. Não, vou muitas vezes.   3. Tantos!   4. Não, tem muita.   5. Não, lançam muitos.   6. Não, fala pouco.   7. Tanto!   8. Não, tem pouca.   9. Não, posso recomendar poucos. 10. Não, temos muito.

49 Alguém, ninguém, tudo, and nada • Languages and nationalities

49·1 (A) 1. Somebody (Someone) is shouting.   2. There's nobody (no one) in the street.   3. I love everything / it all.   4. She is not going to buy anything (She's going to buy nothing).   5. Absolutely nothing!

(B) 1. Ninguém sabe.   2. Ele come tudo.   3. Alguém vai?   4. Não há nada.   5. Obrigado! De nada!

49·2 1. Não quero convidar ninguém à ópera.   2. Não, não bebo nada.   3. Há alguém na discoteca. 4. Não, alguém me dá um presente.   5. Não recomendo nada aqui.   6. Não, gostamos de tudo. 7. Este espetáculo oferece tudo para se divertir.   8. Não, não há ninguém na biblioteca.

49·3 (A) 1. Does anyone speak Greek?   2. Nobody likes the French wine.   3. I want to learn everything about Arabian culture.   4. This books says nothing about Russian history.   5. Someone is going to open a shop with / of Brazilian products.

(B) 1. Há alguém no parque?   2. Ela não gosta de quase nada.   3. Primeiro que tudo, alguém precisa de fechar a porta.   4. É difícil quando ninguém quer ajudar.   5. É tudo tão / muito caro.

50 Quantities and packages • The supermarket

50·1 1. um quilo de batatas   2. seis fatias de fiambre / presunto   3. uma garrafa de limonada   4. um par de botas   5. meio litro de vinho branco   6. quatro latas de sopa   7. uma dúzia de ovos   8. dois pacotes de manteiga   9. três caixas de fósforos   10. um tubo de creme solar   11. um cacho de bananas   12. uma peça de carne de porco

50·2 1. e   2. i   3. a   4. j   5. g   6. c   7. b   8. f   9. d   10. h

50·3 1. No meu cesto só tenho uma garrafa de vinho tinto.   2. Aquelas barras de chocolate custam $2 cada. 3. Estes pacotes de bolachas (biscoitos) estão em oferta.   4. Querem uma dúzia de ovos e uma carcaça (baguete).   5. Precisa de comprar quatro latas de comida para gatos da secção (seção) de alimentação para animais.   6. Vende latas de tomates?   7. Vamos à charcutaria (para) comprar meio quilo de queijo e dez fatias finas de toucinho / bacon.   8. Tem caixas de fósforos?   9. Qual é o preço de um frasco / pote / vidro de mel?   10. Compro um pedaço / uma fatia de bolo de chocolate cada semana